诸暨乡贤文化系列丛书

何燮侯传

冯丽佳 著

浙江工商大学出版社

序

激荡于时代大波中的何燮侯先生

布　谷

惊墨走进花明泉何燮侯先生故居，是在一个盛夏的午后。脚下竟生出了幽香，有炊烟袅袅地升起，惊墨感受到了民国的气味。而我来到花明泉，则是在早春二月的一个清早，天上下着细雨，村口的菜园子里有一株桃花正开得缤纷。那天，我撑着伞，在黄檀溪边站了很长的一段时间，黄檀溪是花明泉的母亲河，缘村而走，“环抱花明泉村的河道有三公里之余”。雨中的黄檀溪有些烟云意气，荡漾在溪间，溪水朝前流着……

何燮侯先生离开花明泉赴杭州求是书院（浙江大学前身）求学，是在 1897 年年初，这是一个风雨飘摇的多事之秋，晚清已经走到末路。而身怀改良思想的维新人物，如康有为等“公车上书”，毅然举起了变法的大旗，一时风生水起。维新之风，将何燮侯送进了求是书院，从此，何燮侯先生融入了时代的大波，激荡其中，义无反顾，像是黄檀溪朝前流着的溪水……

杭州求是书院是一所沐浴着欧风西雨的新式学堂，国学功夫扎实的何燮侯先生在这里接受了西学的熏陶。先生发愤研读，尤对新学产生了浓厚兴趣，数理化成绩为诸生之冠，深得师长青睐与厚爱。1898 年 4 月，何燮侯先生作为求是书院四名高才生之一，被清政府选派赴日本留学，系我国第一批官派留日学生。时年，何燮侯先生 20 岁。1905 年 7 月，何燮侯先生从日本最高学府日本帝国大学工科采矿冶金系毕业并获学士学位，这是我国最早在日本获得学位的极少数人之一。沈尹默后来在回忆中说道："……在那以前，中国留学生在日本正式大学毕业的只有两个人，其一即何燏时（燮侯）。"

民国政府成立后不久的 1912 年年末，何燮侯先生接任北京大学校长一职。当时，由京师大学堂改名不久的北京大学，遗有旧式学堂的封建陋习。何燮侯接手之初，即立意整顿学风，创立新规。首先入手改革，预科满三年不能直接升入本科，须参加升学考试。这一举措，可谓是切中了要害。预科生中有不少是晚清末世的遗老遗少、纨绔弟子，竟还带有随员仆从，少数学生纵情声色，甚至还存在吸食鸦片等不良现象。改革到了这帮人头上，自然遇到了极大的阻力，竟"引发了由北京大学预科生掀起的北京大学史上最早期的学潮"。后来，又接连遇到裁减教育经费，新建校舍被强行划归陆军讲武堂，北京大学欲并入天津的北洋大学等等，与自己办学理念有严重分岐的问题，令何燮侯先生心烦意冷，并对政府独断专行的做法感到非常失望，本是书生，又不善官场权术，深感举步维艰，难遂心愿，便于 1913 年年末辞去北大校长职务。何燮侯先生任北大校长时间虽不足两年，但在整顿校风、制订校规等方面树立了新的办学标杆，为北大注入了新风，并开创大学春、秋两季招生之先河，同时，力揽国内一流人才到北大任教。沈尹默、马裕藻、沈兼士、钱玄同等著名学者，皆是何燮侯先生主校政时期进入北大的，为后来北大广开独立、民主风气奠实了基础。

何燮侯先生离北大后，便回诸暨枫桥花明泉老家隐居，并时与故友同好交游。

偶然的机会，何燮侯先生接触到了马克思的《资本论》等著作。于是，何燮侯先生开始接受马克思主义，据浙江省首任都督汤寿潜孙子汤彦森回忆。当年，马一浮先生从国外带回《资本论》原著，并着手翻译。马老每译一节，汤彦森父亲汤孝佶“就去把稿子拿来同何燮侯一起在帐子里点一根蜡烛读”。何燮侯与汤家是故交，何燮侯与汤孝佶先生还有马一浮先生更有总角之交。或许，何燮侯先生是国内较早阅读《资本论》的少数读者之一。何燮侯先生在日本学习矿业，实业救国的思想根深蒂固。在《资本论》中，何燮侯不但接触到了关于西方资本革命的理念，从中学到了马克思主义的普遍原理，而且能解决资本分配等重大问题，这无疑加深并牢固了何燮侯先生对马克思主义的兴趣与信仰。

抗战全面爆发后，白发苍苍的何燮侯先生奔波在险岭穷谷之间，积极参与抗日救亡活动。即使在抗日战争最为艰难的岁月里，何燮侯先生还时常在花明泉家中接待中共等抗日组织的成员，并与当地中共领导人交谊颇深。对此，何燮侯儿子何荣穆等在《北京大学前校长何燮侯先生传略》中有这样的记述：“……花明泉地处五鹫山脉的边缘，人多地少，贫穷落后，群众条件好，部队执行任务经过村中不下数十次，每次都在村里小住或者休息，各级领导同志总要到先生家中畅谈，碰到吃饭时就留下一同进餐，甚为亲密。”何燮侯先生作为知名的爱国民主人士，产生了无可比拟的积极影响，并被推举为游击区的人民代表，两次参加浙东各界人民代表会议。

中华人民共和国成立后曾任浙江省委书记的谭启龙，当时是浙东纵队的主要领导人，与何燮侯先生有交集，对其评价颇高，记述在《坚强的爱国民主人士何燮侯先生》一文中：“……1943 年，为迎接新四军浙西部队南下，我率部到达诸暨枫桥。那时，我早已知道何燮侯先生曾当过北京大学校长，是一位有名望、有影响的爱国民主人士……我们在诸暨枫桥附近的坛岙村会晤了。何老先生见到我很高兴。他畅谈了自己从清末到民国时期的经历以及他信奉马列主义的过程……何燮侯先生是一位坚强的爱国民主人士。他一生不图富贵，不贪钱财，刚正不阿，爱国忧民。他勤奋读书，知识渊博，信仰马克思主义。我一直十分尊敬他。”

何燮侯先生一生，主张并秉持独立的精神与民主自由的胸怀，进入晚境后，依然不改初心，直至生命的最后时刻。何燮侯儿子何荣穆等在《北京大学前校长何燮侯先生传略》中记录了其先父弥留之际留下的遗嘱：

一、火葬，仅穿一长衫，或新制一身白布斜领长衫，长过两脚，以绳缚之，不必穿袜矣。

二、骨灰能散置海宁钱塘江边最好，否则携归于先茔旁边。

三、身后遗物由阿五召集兄弟姐妹公分，穷者多得。

四、孙子女、外孙子女中有能力者应各家通力尽量培植之。为国家培育英才，为社会培植劳工。

五、宗族戚友中之贫乏者，如其人非反革命，不问其阶级出身，力所能及应尽力救济之。应以善恶是非为准则，不问阶级，盖地主等阶级早经消灭，不使子孙永袭也。

激荡于时代大波中的何燮侯先生，在遗嘱中依然闪烁着维新思想的不朽光芒。

何燮侯先生一生更丰富更翔实的记述，读者可以在惊墨的新著《何燮侯传》中去追索。是为序。

目录

序：激荡于时代大波中的何燮侯先生 …………………… 1

楔子　花明泉里觅故人…………………………… 001
一、雪月为邻交可耐……………………………… 012
二、幸拜良师得益友……………………………… 021
三、求学遇阻终成才……………………………… 030
四、就任校长整校风……………………………… 042
五、被迫辞职离官场……………………………… 053
六、另谋出路遇坎坷……………………………… 056
七、信仰马列得真知……………………………… 061
八、花甲之年参抗日……………………………… 066
九、锒铛入狱不变心……………………………… 074
十、迎接胜利频添力……………………………… 080
十一、因病离世悲痛怀…………………………… 087

何燮侯大事记……………………………………… 093
后　记……………………………………………… 097

楔子　花明泉里觅故人

“花明泉，好地方，缺柴少米绍文堂。”①

我是在一个盛夏的午后进入这个叫花明泉村的村落，如同幼小的新蝉悄无声息地没入柳荫。

说实话，得知花明泉村全源于何燮侯。

中国人其实是很矛盾的，一方面说着“英雄不问出处”，而另一方面又总爱追根溯源，只要一提到某位名人，就须得第一时间挖出他的祖籍出生地，才能抽丝剥茧般深入了解这个人。所以谈到何燮侯，不得不先说一说他的故乡——诸暨县枫桥镇花明泉村。

花明泉村位于浙江会稽山脉西麓诸暨市枫桥镇，说起她的历史，可以先从一条名为黄檀的溪流说起。

清《光绪诸暨县志·山水志》中有这样的记载：“黄檀溪。……又北流至前畈南……经花纹前村。五岫山，峰峦秀出，如莲花者五，故名。……西南流经驻日岭村，绕荐福寺（宋开宝四年建，初名报恩院，大中祥符元年改赐今额）山麓，又西流经上金村，又西流经下湖村，出下湖桥，又西南流受五爬岭水。”

生活在黄檀溪旁的居民们世代以何、胡（其中就有何

① 歌谣选自《花明泉村史》。

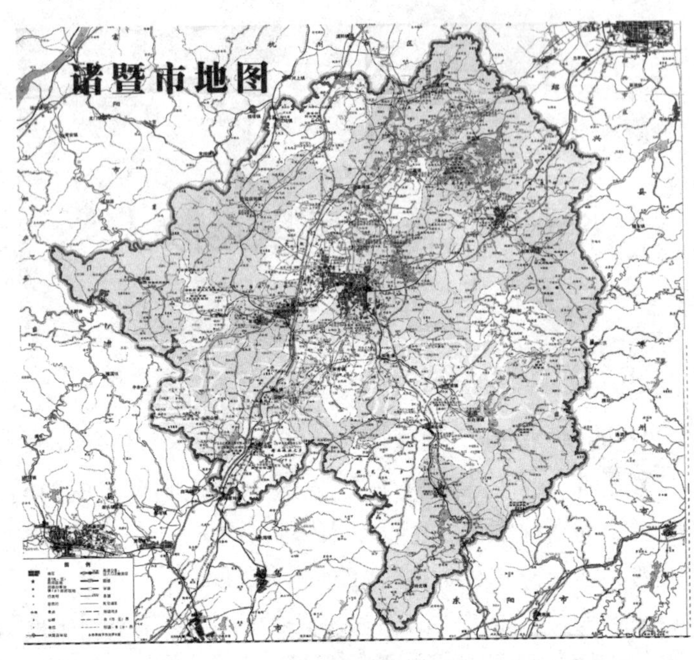

如今的诸暨市地图

燮侯的祖先）为主姓，他们祖居在一个叫芝坞的小地方。

直到南宋开禧年间，始迁祖何规将其居所从新丰迁到了暨阳（诸暨的别称）的檀溪，成为黄檀溪的居民。之后虽也大范围的迁徙过，却仍居于檀溪前畈，这便是黄檀溪何氏一脉的历史源头了。

现在的花明泉村，在明清时属于大部乡附五十二都。附五十二都包括前畈、山口、桃岭（陶岭）、上杨、后畈、花坟前、柳家坞等处，也有人将其称为“花纹泉”。

相传何氏一族迁居到此后，在坟前（胡氏祖先在凤山脚下有花坟[1]一座）定宅基地，故名花坟前。后来的某一天，

① 花坟：诸暨多有以“花坟”命名的地方。人们之所以称之为“花坟”，大多是因为这些地方的古墓雕刻精美，结构精巧。也有雅称一般坟墓为“花坟”“香丘”。

何氏后裔何蒙孙（何燮侯之父）为何氏宗祠写了一副长对联：“环倚灵鹫五峰居，看花明白水溪绕黄檀世派犹传南宋渡；墨守公羊一家学，仰庐江后裔勋登仕版宗风不改汉西京。”村庄由“看花明白水溪绕黄檀”改名为花明泉，沿用至今。

如今，花明泉村已被列入浙江省历史文化村落，闻名遐迩。而这个村落似乎从一开始就注定了与何氏父子有着不可分割的因缘。

进入村子，一路上皆是平整坚硬的青石板，两旁是不起眼的古朴老房子，矮小却安稳，偶有几个拄着拐杖的白发老人蹒跚经过。他们低声说着花明泉村的方言，糯软生香，不知从哪儿冒出来的小黄猫翘着尾巴轻悄悄地跟在他们后面。村旁一条小溪流缓缓流动着，溪水清澈见底，将鹅卵石冲刷得光滑细腻，溪水细长缠绵地绕着村子，像一条温柔的绸带。因是我去时是午饭时间，有炊烟袅袅升起，这样生气勃勃、烟火味甚浓的村落，仿佛就是民国时期的花明泉村，是何燮侯的花明泉村。

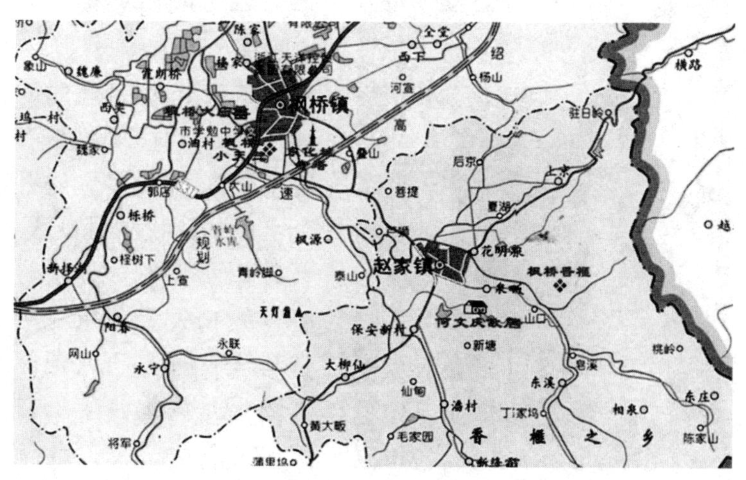

花明泉村大致位置

我一路走，一路心生欢喜。

想起小时候跟着祖母去看越剧《梁祝》，梁山伯在得知祝英台是女子后，立即马不停蹄地前往祝家提亲，他一边走一边笑，整个人都像沉浸在蜜糖里一般，足底不仅带起风还生出幽香。这时的我便是这样的状态。

很容易就寻访到何燮侯故居。虽然来之前也曾设想过她的样子，但真正见到她的时候，仍不免心下一惊。曾到过不少名人故居，却从未见过如此简陋的故居。我忽然有些心酸，很难想象何燮侯就是在这样阴暗逼仄的老宅里长大。此时外面烈日炎炎，进到这里却感觉不到一丝阳光的温度，有着与世隔绝般的寂凉落寞。

如今生活在老宅里的一对老夫妻倚门而笑，似乎已等候多时。

水泥门槛是旧式模样，有些高。但我想，那肯定不是何燮侯曾经停留过的门槛了。站在门槛里朝外望，看到的是一片四四方方的湛蓝如洗的晴空，明媚的阳光折射进来，落下一地斑驳，如同百年前年少的何燮侯离开家的那个下午。

何燮侯故居的门槛

在我跨过门槛的时候，终于看到了那块嵌在墙上的石碑，零星的几个字，却让我驻足良久。石碑用水泥制成，被打磨得发白发亮，可见经常有人抚摸打理，但让我驻足是因为那上面刻着你的名字。

在何燮侯离去的时

何燮侯故居门口的石碑

间里，祖国发生了天翻地覆的变化，日新月异，人事更迭，唯独不变的是至今仍有人怀念着这位老人。

进了门槛便是堂屋，正对着一扇落魄的木门，已被人封上。木板的缝隙中偶有风吹进来，穿堂而过格外清爽凉快，将我的小碎花裙摆吹散开去，旧时光的碎屑统统撒落在上面。我是这样雀跃，何燮侯的一生在我眼前缓缓展开，犹如一朵睡莲清幽地绽放开来。关于何燮侯的资料并不多，故这间老宅才显得尤为可贵。

何燮侯的住所在西院，一幢并不起眼的两间一弄的两层楼房。

房门很小，只能通过一人，却有着别有洞天的触感。门是木制的，表面浮着起伏不定的纹理，摸上去有轻微的刺痛感。地上铺着的正方形石板上已经长出了薄薄的苔藓，它们含蓄而肆意地生长着，一直爬进房前的小水池里。

池里有水，当然不是那时候的模样了。我俯身低下头，池底长满了青苔，温柔地沉浸在池水里。不知从哪里落下来的水珠，“滴答滴答”地打在小池的青砖上，那砖已被水滴磨得光润发亮，泛着苍绿的凉意。

虽说是盛夏，但老宅却很凉快，站在青石板铺就的地板上，有一股微薄的凉意从脚底升上来，但又不同忽入溶洞深处的阴凉，这里的阴凉是有暖意的。

男主人衣着简朴，身穿一件十几块钱的白色背心，一张饭桌落在堂前，一架半旧的落地电扇“吱嘎吱嘎”地摇头忙碌着。他招呼我坐下，倒让我显得有些无所适从。木制的桌椅亦有些年头，表面的漆皮已经掉落，经过长年累月的浸润，木头被磨得圆润光滑，露出最天然的样子。堂前整齐地摆着几盆植物，翠绿欲滴，细嗅之下有暗香飘来。

女主人从厨房间拿出一盘玉米来，热情地要与我分享。我素来是不爱吃粗粮的，经不住她热情到底拿了一个。一口咬下去才发现竟十分可口，玉米虽小却软糯微甜，女主人自豪地告诉我玉米是自家地里种的，这个季节的玉米是最好吃的。我忽然想起方才进门时，外面宽阔的道地（诸暨方言：指房屋面前的空地）上晒满了玉米梗，在阳光下散发着淡淡的甘甜香味，这是俗世里的味道，踏实妥帖，丝丝入扣。

我有些恍惚，仿佛看到一百多年前的午后，幼时的何燮侯在这样铺满了玉米梗的道地上玩耍，明媚的阳光洒遍每个角落。年幼的何燮侯不会知道自己将要经历的是一个动荡晦涩的时代，祖国遭受变故，家国破亡，外寇入侵，同胞流离失所，血流遍野。那也是任何一个中国人都不愿意提及的年代。

听说我是特意前来寻访何燮侯故居的，老夫妻显得很高兴：“自从我们买下这座老宅子，经常有成群结队的学生寻觅到这里，叽叽喳喳地问我们关于何夔侯的事情，或者在房子四周摸摸看看，毕竟这房子仍然是何老在时候的样子，并未经过大的整修。”男主人坐在椅子上不紧不慢地摇着一把扇子，脸上露出欣慰的神情：“没想到这么多年过去了，仍有不绝的人前来看望先生。”

说到这里，他似乎想起了什么，便站起来对自己的妻子说：“你带她去屋子里面看看吧。”我听了有些惊喜，不免为主人家的直爽好客而感动，但还是问了一句：“这方便吗？”

女主人已经走进屋内，笑着说：“当然方便，我领你去。”

进了屋中，才发现里面的摆设十分简朴。一张挂着蚊帐的老眠床，蚊帐已经发黄，零星地散布着几个小洞，看上去像已用了许多年。屋内唯一的电器是一台旧式的电视机，床前摆着一张陈旧的写字桌和一把椅子，再无别物。足可见主人家生活俭朴，清淡如水。

楼梯在房间右侧，很窄的木楼梯，踩上去的时候会发出“嘎吱”声，我有些胆怯，却见女主人已经大步向前，便提着裙摆小心翼翼地上楼。楼梯的一边是用来隔断的木板，另一侧的墙面甚至没有用涂料，只是用粗制斑驳的方砖堆砌而成，墙面凹凸不平，方砖此起彼伏，并不工整，但极具生命力。我伸手触摸，在这炎热的盛夏里竟感到一丝微凉，在这粗糙的纹理之间，我仿佛看到了何夔侯微笑着向我走来，这是你出生成长的地方，她承载

何夔侯故居内，通往二楼的窄楼梯

着太多的回忆过往，更多的则是父辈的殷切期待。

我很喜欢探访古人故居，因为故居是最能见证一个人成长轨迹的地方。如同一个婴孩，你总能从中发现最初最真的东西。

楼梯的木板有些已经露出缝隙，细看之下还有些许青苔低伏在台阶上，我抬起头，看到一缕暖阳从顶上的天窗投进来，正好照在半面墙壁之上，映得狭小的楼梯尤其明亮。女主人微驼的背影就离我几步之遥，阳光下细小的尘埃在我们之间起伏不定。我想起幼时客居外婆家，也是这样的老楼房、窄楼梯，每日黄昏她去楼上收衣服，我也是这样跟在她单薄瘦弱的身后，她的背微微驼起，夕阳从她身前照射下来，她的身影就变成了一座小山，覆盖了我整个童年。那段岁月这样安逸宁静，就连抖落下来的光阴都能清晰听见。

想到这里，我有些莫名的欣喜激动，因为我正走着何燮侯曾经走过的路，这周遭都是他的气息。幼时的你，就在这样狭小的木楼梯上，踩着“嘎吱”声，在母亲身后亦步亦趋，慢慢成长。

二楼狭窄的走廊，左边是两间卧室

上了楼就是一条走廊，走廊亦很狭窄，只允许一人通过。楼上两间房间，大小相同，零散的放着一些杂物，女主人告诉我他们极少上楼，楼上的房间几近不用。我缓缓走进去，推开木窗，窗是木棱窗，糊在上面的窗纸饱受经年风雨，已经支离破碎。此时的阳光有些刺眼，窗外是另一座老宅，一堵白墙挡着，墙皮剥落着，那是另一段历史。

每日清晨，迎着朝曦，何燮侯就是坐在这木棱窗前高声诵读吧，年幼的何燮侯梳着辫子头，歪着脑袋读到家国兴亡，读到以身报国，却读不透这尘世酸楚与人心险恶。

房间的木板是灰白色的，于是钉在木板上的锈色钉子便显得愈加醒目，一块块木板之间棱角分明，大多已经有细小的裂缝，那里镶嵌着岁月的皱纹。木板上落着尘埃，人行处，有微尘轻扬。我每到一处都会想象何燮侯曾走过曾触摸过，甚至曾在这里喜怒哀乐、悲欢离合，这样真切贴合。

问及家中是否有何燮侯遗留下来的物件时，男主人的神情有些凝结："我们从何家后人手里买下这座老宅时，这里已经没有什么家具了。想必何家也不复当年光景了吧，或许是他们搬迁时将家具都搬走了。但更多原因是何老先生一生清廉，所有积蓄也都捐献给有需要的人，故家里并无长物。买下这座老宅后，修修补补了很多地方，直到现在只要遇到落雨天气，还会漏水。"

"何燮侯先生膝下子孙很多，不过大都在外，或异地经商，或出洋留学，但何氏后辈们个个都很优秀。他们平日里极少回老宅来，有时遇到重大节日，也会回来祭祖。但凡回来都会来看看老宅，问问我们的近况。不过近代的人我们也不认识了，一代代繁衍下去，我们都该老了。"

说到最后，低沉的嗓音里竟透出一些苍凉。

在何燮侯先生去世后的第 5 年，也就是"文化大革命"爆发后，这里被当作地主房没收，才迎来了新的主人。

如今，故居的屋主名叫许永茂，也就是我眼前这位衣着朴素的老先生，他是当年下放到花明泉村的知识青年。刚来的时候，村里给他安排住宿，看到何燮侯故居空着，就安排他到这里暂住。

等到“文革”结束，由何夔侯的二儿子出面，将故居卖给了许永茂。而许永茂先生除了在一楼加了一点绿漆，破损处稍修整了下外，原貌基本没有改动，整个上大院虽然破旧，但格局基本保存完好。

为了做好何夔侯故居的保护工作，花明泉村村委曾经出面向许永茂先生提出，是否可以购回故居的产权，但最终交涉无果。由于当时村里资金短缺,加上老宅产权的纠葛，何夔侯故居的保护问题变得错综复杂起来。

后来还是当地居民一致表示，何夔侯故居住着人的感

何夔侯故居门口，站在门槛上望出去的天空

觉很好，一座老房子如果只是建筑就少了灵魂，有人住才有人气，才有灵魂。这让我想起著名的古镇乌镇，虽声名远播，游人如织，我却并不喜欢。去过一次，只见冰凉凉的白墙黛瓦，连河水都是没有生气，如同存放在博物馆里的化石散发着干枯衰竭的气味，便不愿意再去。相反更倾心于西塘，纵然杂乱交错，商业味浓，但到底有了尘世间热闹的味道，俗气、媚气、喜气具备，是白馒头上的一点红，是烟火漫天地，人间四月天。

2008 年，诸暨市文化广播局对何燮侯故居做了全面修缮，而屋主许永茂先生也承诺，不会改变房子的原貌和格局。政府修缮和个人保护相结合，何燮侯故居才在时代的洪流中得以延续。

这几十年的时间里，不断有人寻访至此，许永茂夫妇作为主人不厌其烦地为这些来往者讲述何宅的故事。

听闻我想为何燮侯先生写部传记后，许老先生显得有些踌躇："很遗憾我并不知道太多他的事迹，但很想你能把他写下来。像燮侯先生这样一身正气、不爱慕虚荣贪恋财富、爱国爱民之人，不光是那个时代所缺乏的，亦是我们现在所缺乏的。他是应该被传诵和铭记的。"

在许老先生说话的同时，我抬起头，忽见一只燕子刚从滴水檐下冒出来，它歪着头啄了啄身上的羽毛，然后振翅向天际飞去。

故居至今仍然保持着何燮侯离去时的模样，只是堂前燕子早已不是当初的新燕了。

一、雪月为邻交可耐

"雪月为邻交可耐，冰霜作骨炼难成。"[①]这本是何蒙孙先生——何燮侯的父亲写的诗词中的一句，我取来做题。这是我最喜欢的两句诗，亦是他人生最真实的写照。

何蒙孙先生名颂华，字蒙孙，别号咏梅馆主、化鹿山樵，是一个饱学经史的晚清秀才。生为蒙孙先生的爱子，何燮侯无疑是幸运的，同样也是不幸的。

幸运的是蒙孙先生身上可贵的精神品质与高尚的道德情操深深影响了幼年的何燮侯，让其受用一生。而不幸的是出生在这样一个"诗礼传家"的书香门第，何燮侯从小就背负起整个家族的荣辱使命。

他从出生就在父亲的光环之下，由于蒙孙先生名气太盛，乡人们常以"蒙孙先生的儿子"来称呼小燮侯，这在无形中给他增加了压力。何燮侯虽然年纪小，但心气高，他不愿凭借父亲的光芒生活，更不愿顶着父亲的名气成长。于是从懂事起，何燮侯就立志成才，他想要让乡人们知道

① 选自何蒙孙诗《赋得几生修得梅花》，诗曰："一生开遍群芳后，看到梅花倍有情。得共真修能几个，好将胜果问三生。丰姿较我偏同瘦，福命输君独自清。石上姻缘何处记？篱边标格许谁争。罗浮欲觅前宵梦，香国空寻旧日盟。雪月为邻交可耐，冰霜作骨炼难成。放翁千树骚坛迹，逋老孤山逸士名。……"

他不只是何蒙孙的儿子。他当然做到了，在他成年后，父亲何蒙孙以他为荣，花明泉村人也以他为荣。如今世人介绍起蒙孙先生时，总喜欢带上一句“他就是何夔侯的父亲”。

如果说何夔侯的成才是一个极富奇幻色彩的故事，那么蒙孙先生的一生则是另一个传奇。

何蒙孙先生生于清文宗咸丰八年（1858），他自幼饱览经史，还没到弱冠之年就中了秀才，可谓真正的少年成才。他也曾一心想高中榜首，光宗耀祖，但十年寒窗苦读却屡试不第，无奈之下只得放弃考科举之路，开始专攻书法。

何蒙孙先生对书法的喜爱，几乎已经到了入迷的地步。不论春夏秋冬，每天黎明，蒙孙先生只要听到鸡鸣声就起床练字，他常临写《乐毅论》小楷，白天练大字或者临摹大篆《石鼓文》。汉隶如《张迁碑》《华山碑》，真草如《龙门二十品》《七十帖》，行书如《圣教序》《兰亭序》等等，都为先生平生所爱，岁岁月月日日都与书法作伴，直至晚年也耕耘不止。

说起蒙孙先生，就必然要提到“香炉砧”的故事，如同王献之与十八缸水的典故。

蒙孙先生居于乡间的时候，交通不便，很难购买到宣纸，加之家境贫寒，宣纸又煞是费钱。于是为了练字时节约纸张、节省时间，他就将香炉砧磨平了反复使用，以此代纸练字。这件事也被当地人传为美谈，流传至今。

除此之外，何蒙孙先生为使握笔劲道有力，每晚睡觉时手里都握着小棒，即使沉睡也紧握不放，一直到次日晨起。如此昼夜苦练，锲而不舍，先生的书艺得以大进，笔力苍劲，蔚然成风。

好友蒋智由曾这样评价何蒙孙先生：“少时应郡试，绍郡八邑庠生者，必请先生书谒，得之为荣，非其书，意不足。”

书法家张慕槎先生亦谓：“蒙师擅书法，特精二王，参以李北海、董香光，独具风格，得者宝之。”

民国时北京国史馆编纂童学琦则以“蜚声海上，寸缣尺纸，人咸争之”形容蒙孙先生的墨宝。

当时蒙孙先生才廿余岁，他的书法已经驰名于江浙一带，尤特精二王。何蒙孙先生行书还参照李北海、董香光等，独具风格。他的书法日臻精湛，每日前来求字者接踵于门，户庭为满。

光绪十二年至光绪二十四年（1886—1898），何蒙孙先生流寓于杭、绍间讲学卖字，还总到兰亭、西泠与诸多书画金石名家切磋，并与当时书画名家安吉吴昌硕、福建尹

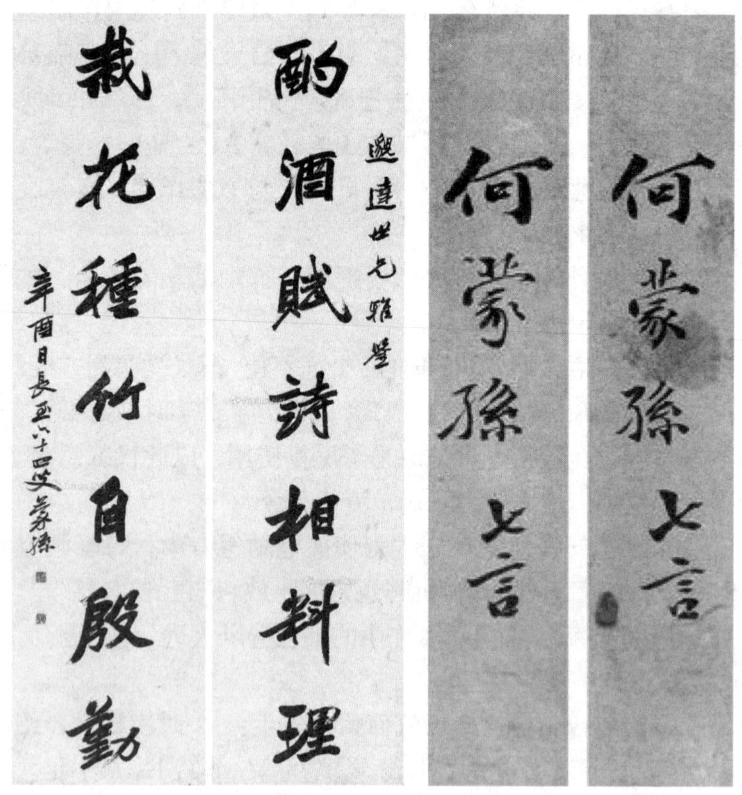

何燮侯之父何蒙孙的书法

秉绶等交情甚笃。蒙孙先生的书法以小楷最为精湛，清隽秀逸，其匾额楹联，无不精妙。他在西泠印社仰贤亭所题的“一角湖山，籍留真相；八家篆刻，捭识正宗”，至今受人称颂；“褚虞著述唐贞观，王谢壶觞晋永和”[1]则风骨峭峻别有神韵。蒙孙先生晚年的书法更是融汇各家，笔锋透纸，严谨中寓洒脱，秀媚中见刚劲，别有神韵。

好友蒋智由曾在蒙孙先生六十寿辰时为其撰序：“何蒙孙先生以书法闻名四方。智由所获交士大夫，工八法，数当世能者，必举先生为一人，吾乡自荐绅学者，闾里文人之行，田夫舟子山樵牧野之人，识与不识无不知先生之能书，熟先牛之名。先生山居，不数往城市。偶至焉，求书者踵接于门。尝岁时履上海，上海之人，抱缣素蕲染毫翰者，满先生之庭，次日视装池之肆、必张先生之屏联焉。”[2]短短的一篇序，足以看出蒙孙先生在当时书法界所达到的成就，已非常人可及。

蒙孙先生为人纯笃，交游甚广，其中不乏高官名贵之流，但他从未为自己求个一官半职，纵然家中贫困，也一直坚持靠卖字讲学安身立命，正因此，蒙孙先生更为人尊重称道。

蒙孙老先生秉性方正严谨，一直热心地方公益和教育事业。光绪二十五年（1899），受洋务运动影响，蒙孙老先生回到乡里，与同乡人陈遹声、毛颖甫、陈达夫等在枫桥镇创办了景紫书院，书院由何蒙孙先生主持，并任教其中。

民国初年，景紫书院改名为大东公学（今学勉中学前身），当时的新式学堂尚少，创设之始亦可谓早。蒙孙先生当时任校长兼常务董事（书院实际负责人），常住在校中，监督教诲学生。呕心沥血，三十多年宵旰不懈，桃李盈庭，

---

① 石坚刚：《诸暨古镇》，大众文艺出版社 2011 年版。
② 何荣穆：《书法家何蒙孙》，《诸暨史志》1986 年第 5 期。

遍布海内，为乡闾培育了很多人才。景紫书院创办至今已达一百余年，历史久长，英才辈出。如金善宝、吴中伦、毛汉礼、骆清华、李宗武、张慕槎等学者名贤都出自这里。

该校抗战后与忠义中学合并，中华人民共和国成立后才改名为学勉中学，由蒙孙先生何燮侯任首届校董会董事长。学勉中学现今为浙江省重点高中，在诸暨市内是数一数二的高中，每年都为国内各所重点大学输送诸多人才，享誉省内外。

何蒙孙老先生平时不苟言笑，貌严却心善，一生都倾心公益，尤为关切乡民疾苦。花明泉村人形容他是“遇田夫野老娓娓谈终日不倦，虽妇孺无少长皆乐与之近”。凡是卖字讲学所得的报酬，除了贴补家用外，都被他用于公益，甚至都不曾为自己添置一点产业。除了办大东公学外，何蒙孙先生在花明泉村又办了一所小学，免费教育儿童，不图所求。他常说“有教无类”“施教有方”，他真切地希望每个儿童都能接受到教育，遇到家境贫寒者，甚至时常拿出自己的钱前去救济。

除此之外，何蒙孙老先生还倡导修路筑堤，他坚信“要想富，先修路”，由枫桥镇至花明泉村的石板大路，以及村内主要的石板通道都是先生奔走募资建成，在交通不便的当时为村民解决了很多问题，这些石板路村民至今仍在使用。

有文史资料显示：民国初期，诸暨的道路交通极为落后，“诸暨山中，墟里错落，即冈逾陵，别有天地。自非亭午夜分，不见曦月，其民矫捷如猿猱，日行百里，斗米斤肉，辄走二三十里外”。民国十三年（1924）二月，“（何蒙孙）始提议发起诸暨道路会，从事筹备，至四月成立，以何蒙孙为正会长，卢临先（江藻镇吴墅村人）为副会长……概不支薪。截至十四年二月底，共征得银一万九千七百八十五元”。何蒙孙先生身为会长，不但“概不支薪”，在诸暨档案馆珍藏的唯一存世的一份《诸暨民报》上还可以看到他自费刊登的卖字筑路广告。在蒙孙先生等人的倡导下，一条条分乡道路建筑完成，“故暨虽山邑，往来跋涉，不致有行路难之叹”①。

花明泉村旁的黄檀溪，每年到了汛期都要涨水，常常淹没村舍农田，蒙孙先生见村民因此受灾，影响收成，便想尽办法筹措经费。他自发组织村民们修埂筑堤，植柳美化，这才使村田免于洪水之祸，庄稼收成每年都有了保障。丰收时节，村民纷纷拿着蔬菜瓜果上门前去道谢，但都被蒙孙先生婉拒。

花明泉村地少人多，农民往往衣食不足，何蒙孙先生时常召集村中长者共议。为解决村民温饱问题，经过蒙孙先生及村中长者的讨论，他们决定在年初时拨祠堂产款为贫民发放棉衣，等年终时贫户可到绍文堂领取救济粮，每人三斗，俗称“小粮谷”，穷困者可以以此越冬过年，并渡过春荒。此义举在蒙孙老先生去世后并未立即废止，转而渐渐成为花明泉村的常规。楔子开头的歌谣唱的便是此事。

现在的花明泉村已不需要绍文堂接济救助，“小粮谷”的义举也早被废止，但这首歌谣却流传了下来。一首歌谣唱出了一个村庄的道义传承。世世代代的花明泉村人永不会忘记，这是何蒙孙先生的绍文堂，也是所有穷困者的绍文堂。

何蒙孙先生晚年就任诸暨市劝学所长、图书馆长。家里所遗薄田仅十余亩，瓦房数间。清末，长子何燮侯从日本学成归国，任职学部与京师大学堂，每月都会寄家用回来，

① 阮建根：《记民国慈善家金禄甫与何蒙孙》，嵊州新闻网，2014 年 3 月 19 日。

但蒙孙先生从不侈用，凡是遇到公益事业，他都必定先解囊捐献，仍觉不足时，还向外地挚友募助。

蒙孙先生一生俭朴清廉，衣着只要求整洁，吃食只要乡间常肴即可，如玉米糊、炖芋艿、煮山薯等都是他所喜好的。有时候小辈吃饭时丢落饭粒，先生都以“谁知盘中餐，粒粒皆辛苦”训诫。

辛亥年间，长子何燮侯任京师大学堂工科监督，先生亲自书写横幅“俭以养廉”以相勉，教子以方，何燮侯能在当时腐败黑暗的旧式官场中保持廉洁，独善其身，跟蒙孙先生多年来的谆谆教导分不开。

蒙孙老先生的后世子孙一直保持着正直善良、勤俭朴素、好学上进的优良家风，也是先生严谨教诲的功劳。何蒙孙先生襟怀旷达，不以功名富贵为重，所以何燮侯便长成了他父亲的模样。

民国初年，何燮侯任北京大学校长，因为军阀当权，政治腐败，于是辞官回乡办实业，家中亲友都怀着质疑的态度，唯独蒙孙先生不以为非，他说：“燮侯在溪北筹办开矿，如能成功，将使诸暨全县穷人无冻馁之虞，造大福于贫民，吾之宏愿遂矣。”

蒙孙先生的次子炜时，字溱侯，幼时就开始学习中医，总是免费为贫苦乡亲治病，施医赠药不收分毫。

1934 年 6 月，蒙孙老先生因为摔了一跤而中风，不幸离世，享年 76 岁。身为长子的何燮侯不信神佛，没有按照乡俗习惯办佛事、做道场，但在出殡的时候，四乡的人扶老携幼，主动前来哭送的多达千余人。蒙孙先生葬在卢蒙山之阳，有乡民十年如一日地无偿为他扫墓植树种花。

在何燮侯故居的后面，有一亩方塘，塘边有亭名为“颂华亭”。“颂华”是蒙孙先生的名字，但村民们仍习惯亲切地称呼他为“蒙孙太公”。

燮侯先生在其父墓前

提到何氏故居，花明泉村人以简陋清寒来形容，前去寻访的后人们见到故居时，有的甚至落下眼泪。民国时北京国史馆编纂童学琦在何蒙孙《行述》里这样说：“(蒙孙)晚年鬻书所得，尽以之为慈善公益及扶贫济急之用，屋无一椽之增筑，田无半亩之购置，祖遗老屋两间，略事修葺，终日坐卧其中，仅能容膝。”①

“仅能容膝”四个字，包含了何蒙孙先生一辈子的心酸苦楚，也是何氏父子一生的真实写照。

对自己，蒙孙先生的要求相当严格。56 岁时，他曾临摹米芾的一幅字：“二株朱草出金沙，来自天支节相家。当日承恩预名表，愧无五色笔头花。”以此自勉。

但我却更喜欢他写的另一副对联：“莫放春秋佳日过，最难风雨故人来。”有着日间家常的喜悦。想起梁实秋先生

① 石坚刚：《诸暨古镇》，大众文艺出版社 2011 年版。

曾与朋友说："你走，我不送你，你来，风雨再大，也会来接你。"因为深知风雨故人的情谊才最难得，在蒙孙先生的一生中，雪中送炭、济贫交友的情义远比万贯钱财来得重要。

现在有很多慕名者前去寻访何氏老屋，他们是仰慕者、追随者，更该是何氏父子精神的传承人。

正因为有这样一位热心为民、奉献乡里的父亲，何燮侯自幼耳濡目染，养成忠贞之风。他一生恪遵庭训，为官清廉，刚正不阿，仁厚俭朴。长大后更是为国家为民族奉献了自己的一生。

二、幸拜良师得益友

何燮侯原名何燏时，“燏”在字典中是火光的意思，父亲何蒙孙先生在起名的时候，希望他的爱子能如火光一样照耀温暖饥寒交迫、需要帮助的人们，如同他自己的为人一般。燮侯是何燏时在中年时给自己起的字，除了肩负父亲的期望之外，何燮侯更希望自己能走一条与父亲一生不同的道路。何燮侯后来居于乡间，不任公职，所以多数人只知道“燮侯先生”。原名燏时长期不用，就逐渐不为世人所知了。

何燮侯生于1878年（光绪四年）8月10日，他出生在浙江省诸暨市枫桥镇花明泉村的一座老宅内。身为长子的何燮侯一出生就被父母寄予厚望。他出生的时候，蒙孙先生正当二十年华，此时的蒙孙先生放弃了在封建时代被视为唯一出路的科举考试，反而一心扑在练习书法上。小燮侯在飘满了墨香味的老房子里长大，亲身感受父亲练习书法时的刻苦奋

何燮侯像

进。他从小为父亲研墨，并由此开始识字认字，进私塾后也如父亲般刻苦努力学习。

小燮侯在家中时，经常见到父母资助乡里乡亲，不求回报。都说父母是孩子的启蒙老师，所以他长大后有着如其父一样的性格，方正清廉，为民解忧也是理所当然的。

父亲何蒙孙对小燮侯的教育很是严厉，他自幼跟父母一起简衣素食，也比同龄小伙伴们更早懂得“粒粒盘中餐”的艰辛。其实何燮侯的家境本不差。父亲与当时社会诸多名流皆是至交，加之又写的一手好书法，常有人登门重金求字。但父亲将自己所得钱财皆用于公益事业，贴补家用的零钱仅够一家人的温饱而已。

懵懂年幼的小燮侯见同龄伙伴都穿新衣吃零食，玩新奇玩具，不免心生羡慕，跑回家中向母亲哭诉。父亲带他去田畈处走了一遭，时值正午，肤色黝黑的乡民光着上身弓着腰埋头耕种，脸上都是豆大的汗珠。到吃饭时间，也只是坐在田埂上以开水馒头简单就食。父亲告诉他，乡民这般辛苦耕耘，但他们却连饭都吃不上，因为种出来的粮食还得拉到集市叫卖换钱，以此养活全家。小燮侯这时明白家中一日三餐的米饭蔬菜得之不易，也愈加珍惜眼下的生活。家中时常有衣衫褴褛的老小前来登门拜谢，受父母帮助过的乡民每次见到他们都连声道谢，感恩戴德。这些画面如一颗颗小石子，在小燮侯的心里荡开一圈圈涟漪。在他成年后，每每想起这些画面，仍然十分受触动。

但其实除了父亲何蒙孙的身体力行、言传身教影响着幼年何燮侯外，他还曾有幸拜得良师，而这位老师的出现对其一生的命运更是产生了举足轻重的影响。

小燮侯出生于中国封建社会，自然无可避免地读孔孟之书，学八股制艺。留着长辫子的何燮侯每天都背着书包去学堂念书，迂腐的夫子教授给他们的知识，他早就烂熟于心，倒背如流。

到少年时期，何燮侯实在忍受不了八股文章的侵蚀，甚至对迂腐的八股制艺产生了厌恶感，抵死不愿再去学堂就学。父亲何蒙孙知道后，并没有像其他严父一样不问缘由对其斥责打骂，而是将他唤到跟前，与他进行一场成人之间的交谈。

幽暗的灯光下，少年何燮侯已经长到半人高，但脸上仍然稚气未脱。说起退学的理由，他的脸上散发出异样的光彩。他微仰着头，神情倔强，有种初生牛犊不怕虎的坚韧，何蒙孙还未开口询问，就听到他掷地有声地说："父亲，国家在变动，时代在前进，我们所学也应当与时俱进。我并非不求上进，只是实在不愿学这些迂腐之道，希望父亲能帮我择一条明道，寻一位良师，我一定会奋发上学的。"蒙孙先生看着眼前的何燮侯，才发现这个孩子早已长大，他有自己的主见与喜恶，甚至对自己的人生有了新的定位。

这让蒙孙先生很高兴，但同时一个难题呈现在他面前，该找谁做老师呢？蒙孙先生年轻时也曾受封建迂腐学制的摧残，自然知道传统的老夫子已不适合教何燮侯。再三斟酌之下，他拜托了自己的好友——蒋智由来做爱子的老师。

蒋智由生于清穆宗同治四年（1865），原名国亮，字观云、星侪、心斋，号因明子，浙江诸暨紫东乡浒山村人，他出身贫寒之家，早年曾求读于杭州紫阳书院，能诗善文，工书法。缘于书法，蒋智由与比他小 7 岁的何蒙孙相识、相知、相交，这份感情至死长存。

清光绪二十三年 (1897)，蒋智由以廪贡生应京兆乡试举人得授山东曲阜知县之职，这在当时是光耀门楣的事，但他心怀救国革新的志向并没有去赴任。中日甲午战争后，蒋智由同情、支持康有为、梁启超变法，后又积极响应康梁维新变法，成为资产阶级改良派人士，他曾写下"志欲救天下,起国家之衰敝”[1]之句明志变法。戊戌变法失败后,又写下《卢骚》诗,有“力填平等路,血灌自由苗”[2]之句。这些诗歌不全受旧诗格律的限制,抒发了蒋智由拯时济世的抱负,反对封建专制的束缚与压迫,他极力颂扬西方资产阶级民主、平等、自由的思想,呼吁变革。这时候的他豪宕恣肆,富有朝气。

虽然蒋智由屡遭挫折,但期望祖国复兴强盛的心却不曾改变。光绪二十八年(1902)冬,蒋智由与蔡元培、叶瀚等好友在上海建立号称“第一革命团体”的中国教育会。他还参加了清末著名的革命团体——光复会,主张除文字宣传外,更以暗杀和暴动为主要革命手段。他平日里常积极联络会党、策动新军。之后,蒋智由又就任爱国女校的经理。爱国女校为爱国学社(清朝末年中国教育会设立于上海的一所近代学校)的一个分校,是中国首个近代女校,学校接收女学生,提倡民主思想,反对清朝的专制统治。

1903 年,南京陆师学堂发生学潮,以章士钊为首的四十多名学生宣布退学,受到爱国学社的欢迎,转入爱国学社就学。章士钊来沪后,于 5 月 27 日出任《苏报》主笔,爱国学社学员遂积极为《苏报》撰文,推动了革命思想的普及。

1903 年 6 月,《苏报》案发,爱国学社亦受牵连,被迫解散,爱国女校则继续留存到 1908 年才被解散。

在经历诸多风雨后,蒋智由越发觉得国内统治阶级的腐朽,制度的落后。一番斟酌后,他自费渡海去了日本。在日本的后几年里,蒋智由的诗多写忧时伤世、去国怀乡

① 蒋智由:《何蒙孙先生颂华六十寿序》。

②《卢骚》全诗为:“世人皆欲杀,法国一卢骚。民约倡新义,君威扫旧骄。力填平等路,血灌自由苗。文字收功日,全球革命潮。”

之情，抒发浓浓的思乡思国之感。

蒋智由的一生跌宕起伏，他曾担任《浙江潮》编辑、《新民丛报》主编，发表民俗学论文和诗作，其中《中国兴亡问题论》等评论和杂文，颇受时人所推崇。蒋智由也因为积极推动梁启超发起的“诗界革命”，与黄遵宪、夏曾佑被梁启超并列为“近代诗界三杰”。[①]

1902 年，蒋智由将自己介绍西方文化和进化论思想所撰之人类学、社会学和民俗学的文章，集为《海上观云集初编》交付出版。

1903 年，蒋智由在《新民丛报》第 36 号上发表《神话历史养成之人物》一文，是中国民俗学史上最早的论文，具有里程碑的意义。所撰《中国人种考》（1929 年发表）是我国早期人类学的奠基著作之一，为学界所重。为我国的人类学，民俗学和神话学的研究做出了开拓性的理论贡献。

1907 年，蒋智由又和梁启超发起组织政闻社，并出任《政论》杂志主编，他们提倡君主立宪，反对同盟会的革命主张。

蒋智由晚年寓居上海，在文章中宣扬“国美之不可变者多”[②]，此时的文风如他的为人处世，已愈加趋向保守。遗憾的是，蒋智由晚年“自尤其少作，拉杂摧烧之以尽”[③]，因此他的《遗诗》内亦无“少作”。

蒋智由亲历清末民初，国内变动之时。他凭借自己的一腔热血，投身于变法之事，企图能改变当时落后腐朽的体制，虽然并未成功，但他崇尚自由、平等、民主的主张得到了众多国内外进步人士的支持。

---

① 梁启超：《饮冰室诗话》，载《新民丛报》，“吾常推公度（黄遵宪）、穗卿（夏曾佑）、观云为近代诗家三杰”。

② 选自《诸暨枭山汤氏六修谱序》。

③ 蒋智由撰，吕美荪辑：《蒋观云先生遗诗》，民国铅印本，1933 年版。

当然，这中间也包括何燮侯。从何燮侯后期的经历看来，他受蒋智由的影响颇深，尤其是蒋智由对封建统治制度的憎恶，崇尚资本主义民主制度的思想，几乎与何燮侯一样。

1893 年，何燮侯拜蒋智由为师，主要学习古文，少年何燮侯尤其对史书及宋儒著作感兴趣。在上课的时候，蒋智由发现何燮侯并不满足于书本上的知识，除了写诗歌、习古文，他总在课后缠着蒋智由讲西方先进民主体制。渐渐地，蒋智由发现眼前这个瘦弱的小男孩竟有着超乎年纪的主张与见识，他甚至提出中国若想繁荣昌盛，也应该学习变法，提倡科学文化，改革政治、教育制度，实现民主、平等、自由的社会。

不仅是蒋智由，就连何蒙孙也没想到，自己为幼子聘请的这位老师不仅改变了他的学识，解放了他的思想，更改变了他的人生轨迹。蒋智由是他学识的启蒙老师，为他积累了丰富的专业知识；也是他的人生导师，在满清政府统治下晦涩黑暗的社会中为他打开了一扇新奇的大门，指引他开辟出一条全新的、先进的光明之路；更是他的好友知己，两人常常彻夜促膝畅谈，虽然年龄相差数十岁，但望着彼此仿佛临水照人。

何燮侯的书法

何燮侯的少年时代，正处于中国政府丧权辱国、割地求荣的时期。清政府极端腐败，封建统治走向没落，尤其是 1894 年 7 月中日甲午战争的爆发，激起了全国人民的愤怒，各社会进步人士纷纷谋求雪耻图强。当时的何燮侯年值十七，正是血气方刚之时，又加上先生蒋智由对其的栽培影响，他产生了学习科学，发展教育实业，以图救国的思想。

何燮侯后来一心前往日本留学亦有部分原因与听蒋智由讲述日本与国内的种种异端对比，大力提倡资本主义社会的民主思想有关。他崇尚自由、民主、平等的政治体制，对迂腐的满清封建制度十分不满。

一个下着蒙蒙细雨的黄昏，父母都有事外出，老宅沉静下来仿佛打着盹，客厅里的大挂钟发出“嘀嗒嘀嗒”的摇摆声显得格外清晰。堂前的池塘里，有几条小金鱼冒出气泡来，慢悠悠地从碧绿的浮萍边上滑过，又“噗”的一声破灭。年幼的何燮侯从母亲的梳妆台上偷偷拿了一面黄铜镜到自己房间，对镜毅然决绝地剪下了陪伴自己十几年的长辫子。当时国家尚处于清政府的专制统治之下，许是因为年轻气盛，何燮侯不知道剪辫子这一举动极有可能让全家都背上反清的罪名，招致杀身之祸。

当短发的何燮侯捧着辫子走到父亲何蒙孙面前时，这位年轻的知识分子内心莫名颤抖起来，他甚至觉得整座老宅都开始微微摇动起来。何蒙孙既吃惊又担忧。可是还未等他开口，何燮侯却解释道：“父亲，长辫子是旧时的产物，封建腐败的产物，我今日摈弃它，如同摈弃封建的束缚。我们生活在清政府的统治下，但政府给了我们什么？我从小就看到乡民们食不果腹，流离失所，终日生活在水深火热之中。我很向往蒋智由先生口中那个民主、自由、平等的社会，多希望我们能早日建立那样的政府体制。”

何蒙孙抬起头，眯着眼睛仔细打量了自己的儿子一番，眼里渐渐升腾起模糊不清的水雾。他低着头沉默地抽完了一袋旱烟，似是在想什么。何燮侯凭一时孤勇剪发，但在父亲面前到底有些怯懦，他怕父亲责骂更怕父亲失落。但是，何蒙孙只是缓缓站起身，轻轻拍了拍他的肩膀，沉重地叹了一口气，然后负手踱步离去。

直到很多年以后，何燮侯依然清晰记得父亲离开时的背影。摇曳的烛光下，他清瘦修长的身影渐行渐远，透着莫可名状的落寞与彷徨，落在花明泉村漆黑的夜幕中，回荡出阵阵余音，久久不散。

何燮侯成了家族中第一个剪掉辫子的男人。每次出门，乡民都用好奇的眼光偷偷打量他，他成了花明泉村的热点人物，有人称赞他的勇气，也有人为他的前程担忧，有年老者捋着长须，望着何燮侯的背影预言："这个孩子会走出花明泉村人从未走过的路。"

何蒙孙始终保持沉默的姿态，让何燮侯增加了不少胆气。他甚至开始在村里的菜市场、宣传栏等人口聚集的地方公开宣传平等、自由的西方民主思想制度，尤其关于男女平等方面，让村人大惊失色。要知道这在当时闭塞封建的花明泉村里无异于天方夜谭，加上当时时局混乱，世人一向"忌谈国事"，有胆小怕事的村民看到何燮侯就绕道而行，唯恐惹祸上身。

除此之外，何燮侯还出言支持家族中的女孩子放脚、剪发和外出求学，他认为要想实现真正的民主、平等、自由，必须从身边至亲开始宣传普及，他希望能得到更多人的认可和支持。不料此举引起了诸多亲眷的不满，有人跑到何蒙孙面前大加指责，斥其教子无方，更阻止自家女儿与何燮侯往来，唯恐被何燮侯诱导进入"歧途"。

何蒙孙碍于颜面，终于在一次晚饭后将何燮侯叫进自己的书房。他们关着房门，交谈了许久，谁也不知道那天晚上父子俩究竟谈论了什么，只是那晚后，何燮侯看似渐渐将锋芒收敛起来，实则却如汉末草书的收尾，默默蓄存着力量。

不久后，同县的赵缵侯先生应何蒙孙的邀请来到何家，对何燮侯进行一系列数学教学。没想到，何燮侯竟对产生

推开何燮侯故居二楼的木棱窗，何燮侯曾坐在窗前读书

了浓厚兴趣。他看着纸上的图形有莫名的亲近熟悉感，缺少玩伴的他将几何数字看作自己的好友，时常为攻克数学难题而埋头演算到深夜。也是从那时开始，何燮侯开始专攻数理化，这也为他后期的求学路奠定了基础。

亲朋好友知晓此事后，常有人上门前来耐心劝导他。那个时代，唯有苦读八股文章，考取功名才是正道，而这些所谓的西方数学、先进理论都是“歪门邪路”。何燮侯将前来劝诫的亲友一概拒之门外，为避打扰，独自躲进小阁楼里，就着一盏昏黄的烛灯继续研究学习。

何燮侯将自己的少年时光都撒落在狭窄的小阁楼里，写进为世人嗤之以鼻的单调数字里。他的少年时期是孤单的，没人愿意与一个特立独行、乖张不驯的短发少年结伴，除了父母至亲，没人认可他肯定他，皆避之若浼；但他也是充实的、丰满的，他将无数个日夜浸泡在书海里，如同一只待茧而出的蝴蝶，蓄存实力，茁壮成长。

三、求学遇阻终成才

春去秋来年复年，屋檐下的燕子哺育了好几窝幼雏。阁楼里的何燮侯渐渐淡出了乡民的视野。他终日沉浸在无边的学海里，看似“两耳不闻窗外事”，但仍常与蒋智由谈论时政，抒发己见。父母见其安静好学，不再出门大肆宣传政治体制，也就对他不管不问了。

求是书院遗址

出乎所有人意料的，何燮侯在先生蒋智由与赵缵侯的指点下，在文史、数学等各方面都有了飞跃性的突破，他就如一只蓄势待发的蝴蝶等待时机破茧而出。

1897 年农历正月，浙江维新派人士在杭州创办了求是书院（类似于后来的中等学堂，也是浙江大学的前身)。何蒙孙得知消息后，望子成龙的想法愈加强烈。他将何燮侯叫到跟前，希望他能凭自己的能力到新式学堂里学习。何燮侯本是抱着试一试的态度参加了入学考试，却不料因为优异的成绩被录取为上院生，成为该书院的第一届学生。

书院门口的红色榜单上，何燮侯的成绩名列前茅。有乡民看到后奔走相告。何蒙孙乍听此事以为是讹传，并不敢信，直到学院将录取通知书寄到家门口，他颤抖着双手将录取书取出来，念了一遍又一遍。

何蒙孙面对桀骜不驯、我行我素的儿子虽从未表态，但他心里到底是担心的，尤其是听到乡民亲朋的非议时，他也很想如一般严父对其深加管教，最后还是忍了下来，他不愿压制他的成长。这个长子是他最看重的，他怕何燮侯会真如坊间传闻那般误入歧途，成为“怪胎”，但他更怕自己的莽撞给孩子带来阴影。

现在，求是书院的录取通知书就躺在他的手里，这样轻这样薄，却似有万千斤重。他偷偷拭干眼角的泪珠，嘴角终于上扬开去。

何燮侯考入求是书院的消息犹如一个重磅炸弹，不仅在何氏家族中，更在花明泉村中传散开去。何燮侯瞬间成了一个传奇、一个骄傲。仿佛之前那个走了“歪门邪道”的少年从未出现过。每日都有人上门拜访恭贺，就连之前避之不及的亲眷也纷纷前来道喜，更有甚者将自己的子女送来，希望能在何燮侯帮助指导下学习，成龙成凤。

所有人都沉浸在何燮侯高中的喜悦中：

"蒙孙先生好福气啊，这才是光耀门楣的好事！"

"我早觉得燏时这孩子有出息，却不想他这样争气，何家祖宗保佑啊！"

"别说是我们花明泉村了，就是整个诸暨县都没人能考上求是书院啊。那可比中状元难多了。"

四处都弥漫着对何燮侯的褒扬、赞赏声，一朝高中，他终于可以扬眉吐气。从小阁楼出来走在路上，乡民看他的眼神都是一致的——羡慕、赞扬，他抬头第一次发现花明泉村的天空这样蔚蓝，微风这样亲切。

面对众人的祝贺，何燮侯的内心有杂草丛生后的荒凉，只有他自己知道这一份通知书如何来之不易。他在回家后总是会想起求是书院的林启，如果当时没有林启，便不会有上院生何燮侯，更不会有他日出国求学的机会。

其实，按照求是书院当时的规定，凡投考者，一需要地方绅士举荐，二是起码具备秀才以上的资格。所以何燮侯的条件并不符合。他后来在面试过程中被林启相中，这才脱颖而出。而林启为何会对这个从小地方来的穷学生青睐有加，个中原由无从揣测。或许是与他父亲何蒙孙有过交际，更或许是因何蒙孙曾办过景紫书院，对何燮侯的教育与林启颇为相近。但我们可以确定的是，在这场面试中，他们俩心照不宣，彼此都给对方留下了深刻印象。

一年后，何燮侯被书院挑选出来成为首批赴日本的留学生，除了他本人的勤奋努力，也离不开林启这个"伯乐"的推荐。所以说，在何燮侯的求学生涯中，如果说蒋智由与赵缵侯是他的恩师，那么林启则是他生命中的贵人。

何燮侯对于林启的知遇之恩一直铭记于心，未敢忘怀。待到 1906 年，何燮侯学成回国时，林启已经去世多年，何燮侯回想起当年的恩情，于是为其在孤山西麓建林社设祭一事四方奔走，竭力倡议，为已故恩师倾尽所能。

林启纪念馆，位于杭州市西湖区孤山路 1 号，坐落于放鹤亭东面。1900 年林启病逝后，葬于孤山，墓侧建林社。邵章、陈敬第、何燮侯等为纪念林启，谕准以孤山民产四分之厘为社基，倡议建林社设祭，初建时仅为砖木结构的中式平房。

何燮侯一生中遇见许多挚友良师，他们都是其生命中不可或缺的宝贵财富。而何燮侯身上的拳拳赤子心正如冬日的一道暖阳，吸纳了更多志同道合的朋友来到他的身边。

何燮侯被求是书院录取后，登门恭贺之人络绎不绝，何氏家族沉浸在前所未有的喜悦中，但他并未因此懈怠松散，骄傲自大。一个落着雨的清晨，他从逼仄黑暗的阁楼里搬了出来，开始在自己的房间里学习。每天拂晓，他打开自己的木棱窗，天边才刚泛起鱼肚白，他朗诵诗书的声音就从窗口飘出来。每一天，他都伴着朝阳升起，又随着夕阳西下，周而复始地读书写字演算。

几日后，恩师蒋智由和赵缵侯都收到了一封感谢信。信上洋洋洒洒地写了诸多感激之词，何燮侯的字迹清秀端正，他写道：师恩难忘，燏时今日所得皆为先生所赐，再三叩谢……情真意切，蒋智由既是他的老师又是忘年之交，见字不由落下激动的眼泪来，他知道自己的这个学生将大有所成。

何燮侯考取求是书院，让何家上下都欣喜不已。但何蒙孙却暗自发愁起来。家中虽不愁吃穿，但平日所得也只够温饱用。眼看着开学的日子渐渐逼近，何燮侯的书费及生活费成了何蒙孙心头的一块大石头。他每天清晨就匆匆出门，临近傍晚时分才拖着疲惫的身体回家。黄昏的时候何燮侯看到父亲微皱着双眉独自坐在堂前的小凳子上一袋袋抽烟，心里就明白了几分。他搬过小凳子坐在何蒙孙身边，此时正是春寒料峭时候，有寒风从弄堂里穿进来，激起一个个寒噤。何燮侯藏青色长袍的袍尾处已打了三个补丁，他忽然想起母亲缝长袍时告诉过他，这长袍袍尾处打了太多次补丁，如果再破损只能扔掉了。衣着上他向来是不讲究的，一年四季只有三四套衣服替换，他深信“腹有诗书气自华”，外表的光鲜远不及内在涵养重要。但爱子心切的母亲仍为他的衣服操劳，少年时期的孩子总是长得快，母亲改衣服的速度远赶不上他成长的速度。酷暑严寒的夜晚，母亲总挽起长发在煤油灯前修补衣服，才三十多岁的年纪双手就已开始长皱纹。冬天的时候手更红肿如馒头一般，冻疮爬满了每个指间。所以，即便是打满补丁的衣衫他都十分爱惜，因为每个补丁里都缝着浓烈的母爱。

他侧首偷偷瞄了一眼何蒙孙，见他仍抽着烟，眼睛望向远方，似是在想什么。他的衣袖边缘已有了破损，里面的棉絮开始钻出来，像初春家中屋檐下探出头来的雏燕。何燮侯忽然有些烦躁起来，他不知道还要坐多久。终于，他决定打破父子俩之间的沉默，他试探性地唤了一声父亲。

片刻，何蒙孙才轻轻应了一声。

他有些犹豫，不知道怎么开口说这个问题。囊中羞涩的事情本不是他一个孩子应该过问的。

“过几天，我就要去杭城求学了，”他小心翼翼地斟酌着每个字，“关于学费……”

“这个你不必担心，为父自会替你安排，”何蒙孙敲了敲旱烟，打断了他的话，“你只要好好读书就行了。”

他忽然鼓起勇气：“父亲，我已长大成人，应当负担起一个男人的责任。家中的贴补我理应出一份力。”

何蒙孙闻言回头看了他一眼，伸手摸了摸他的头。初春的黄昏，回巢的燕子唧唧喳喳地飞来飞去筑巢，坐在堂前的父子俩对视而笑，笑容漾开了一个春季。

何燮侯离开家的前一晚，母亲捧出两套全新的衣衫，不知道又是花了几个晚上加工赶制而成的。两鬓已有银丝的母亲边为他整理行装边说："家里虽然清贫，却也不能让你衣着清寒，去省城上学不能被人看不起。一个人在外，你要知道冷暖。若有需要，记得写信回家。"

慈母手中线，游子身上衣。杭州虽也不远，但在交通不便的当时，已算长途跋涉，他又从未出过远门，也难怪母亲不放心。早熟懂事的何燮侯笑着宽慰母亲："求是书院招收的都是品学兼优的学生，老师与同学是不会以穿着取人的，儿子已经长大，出门历练是必须的。我唯有努力读书来报答您和父亲的抚育之恩，不会教你们失望。"

次日清晨，瘦弱的何燮侯就背着行囊上路。由于当时车马极少，他又为省些路费，走的多是崎岖山路。山路人烟稀少，更没有休息吃饭的店，他只有等饥肠辘辘之时才从行囊中拿出母亲临行时准备的白面馒头和煎饼充饥。何燮侯后来生活好转，却仍不忘当初白面馒头和煎饼的味道，他晚年对自己的子女说起此事时，依然眼眶含泪："山路蜿蜒见不到尽头，耳边尽是鹤唳风声，这时候的馒头和煎饼让我瞬间有家庭的温暖，远远胜过任何山珍海味。"正因为求学之路艰辛，他才格外珍惜学堂里的时光。

何燮侯入校后，如鱼得水，对学校开设的新学科如数学、物理、化学、史地等都认真研读，做好摘记。上课之外的时间就泡在图书馆里，图书管理员每天下班关门前都要反复催促他几回，他才不情愿地整理书籍离开。但他仍觉得时间不够用，就在熄灯后偷偷跑到厕所间，借助那里的灯光看书研读。其间被宿管人员抓到过几回，当宿管人员从他身后拿出数理化教科书的时候，哭笑不得，却也舍不得指责，劝诫了几次见他仍旧"偷光温书"，便睁只眼闭只眼，不加理会。

功夫不负有心人，每次学校组织考试，何燮侯的数理化成绩都为诸生之冠。每次领到学校颁发的奖学金，他都不舍得乱花一分一毫。第一时间就到邮局将奖金全部寄回家中以贴补家用。除此之外，他还利用周末休息时间去校外兼职打工，赚得工钱除了留一部分作为自己生活费，其余皆寄回家中。他用行动兑现了一个男子汉的承诺，用自己单薄的肩膀挑起了一份家庭的责任。

何蒙孙原本以为长子求学多少会增加家庭的负担，却不料他总是寄钱回来，附在家书里的还有优异的成绩单。向来严苛的何蒙孙这才释然，逢人便夸赞儿子，这是他从心底流露出来的自豪与骄傲。

1898 年 4 月上午，求是书院的宣传窗里贴出一个改变何燮侯命运的告示：学校将派出四名高才生前往日本留学。这也是我国的第一批留日学生。

经过学校领导讨论研究，品学兼优的何燮侯被列入其中，他早就想去老师蒋智由经常说起的国度游历求学，这个机会于他来说弥足珍贵。当时的何燮侯年仅 20，是留学生中年纪最小的。

何燮侯在得知自己获得日本留学的名额后，按捺不住内心的喜悦，他的心口像有风灌入，“呼”地膨胀起来。这是他梦寐以求的机会，日本对他而言将不再是纸上冷冰冰的两个字。他可以亲眼见识日本的风物人情，学习日本传统文化，学习日本先进的技术。他苦学的日文终于有机会一展所长。

可是，当他兴高采烈地办好手续回家辞行的时候，却遭到何蒙孙的强烈反对。爱子年幼，路途遥远，又要漂洋过海，何蒙孙担心幼子涉险恐遭遇不测。一心想去日本的何燮侯哪里能体会父亲的苦心，他仰着头，脸上写满了倔强，他没有因父亲的反对而妥协，据理力争：“父亲，日本我是一定要去的，我这样艰辛等到这个机会，绝不会放弃。日本的政治体制比我们先进太多，我一定要去看一看，谁也阻挡不了！”

何燮侯从小就孝顺父母，虽然特立独行，但到底从未违逆过父亲。何蒙孙见他一副不愿退让的样子，不由怒从心生，拿起旱烟杆狠狠敲在他的头上。这也是何蒙孙唯一一次对他动手：“逆子！送你去上学真是糊涂了，你竟说出这样的混账话来！一个学生，怎能随意谈论国事！即便是去日本求学，也不是现在去。你这样小，心智都未成熟，万一途中出了点事可如何是好？你现在为了日本之行竟敢顶撞父母。你哪儿不许去，就在家好好思过！”

何蒙孙说完便忍痛将何燮侯禁锢在房间里，并嘱咐家里人不许给他开门。何蒙孙以为他是小孩心性，关上几日也就会服软妥协了，但何燮侯却始终不曾松口。

一个午后，何燮侯趁家人不注意之时从书房破窗而出，逃出老宅连夜赶回杭州。从诸暨花明泉村到杭州，百年前交通不便，水路行船约莫需要一天一夜，如果是陆路步行则需两三日的时间。很难想象，一个20岁的青年竟有如此胆量气魄敢独自在黑暗的荆棘山路上穿行，他对于知识的渴望足以让他无视一切艰难困苦，这是属于他的踽踽独行，也正是那个时代所匮乏的精神。一回到学校后，何燮侯就毅然与钱承志、陈榥、陆世芬等同学一起出国求学，同行的还有陈仪等学习军事的四位同学。何燮侯站在轮船的甲板上，望着渐渐模糊不清的故乡，许多送别的亲朋在码头上挥手告别。这里面没有他的亲人，但他的双眼还是湿润了，他知道自己即将离开祖国到一个全新、陌生的国度，内心怎会没有眷恋。海风迎面扑来，轰轰的船鸣声载着他的梦想驶向海的另一边。他双眼含泪望着家乡的方向，暗暗跟父母作别，但并不后悔自己的决定。

许是因为回国路途遥远，中途耽搁时间太久，又或者是因为昂贵的路费让他望而止步。何燮侯这一去就是八年，中间只回过一次国。但他每月都会写家书寄给父母，随信而来的还有他在日本勤工俭学所得的工钱，他始终不曾忘记对父亲的承诺。

到日本入学后，何燮侯先进了预备学校学习日语，他虽曾在国内自学了一段时间的日语，但终究没有接触过纯正的日语。他深知这个学习的机会来之不易，于是更倾身心扑在学习上。除了自己翻读各类日文书，增加词汇量、增强语感，一有空闲他就拉着日本同学苦练日语。仅仅过了一学期，何燮侯的日语水平就达到了普通日本学生的水平。

因为他精湛的日语水平，还曾拯救过整个花明泉村的村民。

那正是日军入侵国土的时期，有一队日本军队来到何燮侯的故乡花明泉村准备进行大肆屠杀。当时已年过六旬的何燮侯听闻此消息后，赶忙用娴熟的日文写了一篇告示，告示通篇以严厉的语气痛斥了日军的恶行，并命人连夜张贴到村口的黑板上。

次日清晨，气焰嚣张的日本军队见不起眼的小村落里惊现如此流利通畅的日文，不禁心下诧异且惶恐，以为有日本方高层领导隐居于此，于是灰溜溜地撤离了花明泉村。花明泉村在日军肆虐、战火连天的环境下逃过了一劫。何燮侯仅因一篇日文告示就保全了整个村子免于涂炭。

此事之后，何燮侯声名远播，在整个诸暨县至浙江省内外都赢得颇高的声望。

1899 年，何燮侯凭优异成绩考入东京第一高等学校读书。经过四年艰苦奋读，于 1902 年顺利毕业，并以优异的成绩考入东京帝国大学工学采矿冶金系。

在何燮侯漂洋过海求学的几年里，父亲何蒙孙日夜思念着自己的爱子。虽然之前对他私自出逃行为的极为恼怒，但随着时间流逝，何燮侯又时常写家书寄费用回来，内心早已没了愤怒，反而愈加思念牵挂爱子。

收到何燮侯的一封封家书，何蒙孙脸上虽不动声色，但心里早就理解儿子的良苦用心，他知道儿子留学不仅是为己增长见识学习文化，更是为国家、为民族探求新生之道。

为使儿子安心，何蒙孙提笔回了一封信，附信的还有一副自己写的对联“培植一身为国用，平安两字作家书”作为激励，足见何蒙孙对爱子的深情。

得到父亲的认可与支持后，何燮侯学习更加奋发刻苦。国人一向信奉“一心只读圣贤书，两耳不闻窗外事”，可何燮侯在学习之余也十分关心国家大事。虽然客居日本，但从未忘记自己是一个中国人，内心深处从未放下仍饱受摧残的祖国和人民。

何燮侯因性格爽朗直率，又博学多才，在日本留学期间广交好友，交际圈十分广泛，甚至还曾与文学家鲁迅先生有过交往：

留学日本期间，何燮侯接受了西方新思想、文化及科学技术，他看到了日本经济的快速发展，对故乡的落后面貌更加深感忧虑。于是在 1903 年 2 月，联合在日的绍兴籍留学生经亨颐、蒋尊簋、周树人（鲁迅）、陶成章、许寿裳等二十余人，写了《在留东京绍兴人寄回同乡公函》，致书绍兴人民，劝导他们学习西方的民主思想和科学技术，并对学制改革、学风整饬提出了建设性的意见。这是他们的第一次往来。

1906 年春天，何燮侯回到祖国。鲁迅先生则在 1909 年才从日本回国。

鲁迅回国到北京后，便与何燮侯有了来往，两人往来最早文字见于 1912 年 5 月 12 日一则。5 月 12 日这一天正好是个星期天，在日本结识的何燮侯前来拜访，鲁迅先生这样写道："星期休息。午前何燮侯来，午后去。"[①]

之后鲁迅先生与何燮侯又有过几次往来，皆被记载于《鲁迅日记》中：

十四日　晴。午后何燮侯来访……

……阮和孙于明日赴热河，来别。致何燮侯信。致宋紫佩信……

……二十四日　晴，大风。懒不赴部。午后谢西园来，晚何燮侯招饮于厚德福，同席马幼舆、陈于盦、王幼山、王叔梅、蔡谷青、许季市，略涉麻溪坝事。

……下午收廿五日《民兴日报》一份。晚董恂士招饮于致美斋，同席者汤哲存、夏穗卿、何燮侯、张协和、钱稻孙、许季黼。

两人都心系国民，性情相投，他们在异国相识恨晚，结下一段友谊，一直延续到回国，彼此给予温暖。在那漆黑寒冷的现状下，这段友谊该是熠熠生辉，光照万年的。

1905 年 7 月，何燮侯终于在日本帝国大学毕业，获得工学学士学位，日本"天皇亲授文凭，中外荣之"[②]。

何燮侯成了中国留学生在日本正规大学毕业的第一人。毕业后，他在日本又实习了半年。

何燮侯用艰苦奋斗、好学上进的姿态为自己的日本求学之路画上了一个圆满的句号。在日本的几年里，他始终心系祖国故乡，思乡之情殷切。毕业后有很多单位都想高薪聘请何燮侯，希望他能留在日本工作，但他皆不为所动，果断拒绝。回国之心坚定的何燮侯身披荣誉地回到了生他

①《鲁迅全集》第 14 卷，人民文学出版社 1981 年版。

② 选自《何燮侯（燏时）先生传》。

育他的祖国的怀抱。

何燮侯孤身伫立在回国的轮船上，蔚蓝的海水一波波袭来，如他内心汹涌澎湃。一生所学，他终于要实现自己的理想，为祖国、为人民贡献出自己的一份力量。他甚至等不及，想尽快回到家，与父母共享这份喜悦。他忽然想起家中檐下的幼燕归巢，这条路虽然艰辛泥泞，但他交了一份最满意的答卷。

可是，年轻的何燮侯不知道，回国后迎接他的却另是一段跌宕起伏、艰涩困苦的人生。

四、就任校长整校风

1906年的春天，归心似箭的何燮侯终于回到了阔别已久的祖国。

他带着极简的行囊回来，想到贺知章的名句“儿童相见不相识，笑问客从何处来”，不由心生感慨，泪湿衣衫。他虽未到双鬓斑白的耄耋之年，但离家数年，对故乡已然有了陌生感。他走在乡间小道，偶有牵着黄牛的农夫经过，他们说着他熟悉又陌生的乡音，农田里绿油油的稻苗在春风里微微摇着头，四周都是青草和泥土的气息，他甚至觉得连路上的牛粪都显得可爱可亲。

家人早在村口等他，弟弟远远见了他就跑过来。何燮侯有些吃惊，弟弟竟长得这样快，但他认出弟弟身上穿着的衣服是他的旧衣。母亲已控制不住，悄悄落下眼泪来，但脸上是笑着的。父亲拍拍他的肩膀，像那个难忘的午后，湿润的眼睛里亮光闪闪：“回来就好。赶紧回家吧，你母亲早就做好了你喜欢的吃食。”

回家的路上，一直有人跟他打招呼，他已经认不全人了，只能微笑着跟人点头示好。所谓故乡，就是无论过了多少年，只要提及仍然会热泪盈眶的地方。

何燮侯在家住了一月之余，内心五味陈杂，有欣喜也有心酸。

尤其是在他见过日本的先进繁华后，对国内混乱动荡的局势、清政府的迂腐专制统治更深恶痛绝，也为生活在水深火热中的国民担忧。

何燮侯大学所学的专业是一门新兴专业，也是当时国内最匮缺的专业之一。他一回国就被任命为浙江省矿务局技正。上任后，何燮侯先是重点视察了金、衢、严三府的地质矿产，并进行深入研究调查，之后召集相关专业人员出具了很多详细的方案。只是还没来得及开始实施，他就被上调北京，就职学部专门司主事兼京师大学堂教习（当时没有教授、讲师等称谓，教师统称为教习）。那正是寒冬腊月，京师大学堂的教学条件很恶劣，北京气候寒冷，教室里又没有暖气。何燮侯为了能督促教导学生，也为了时刻为学生解惑，除了休息和吃饭，其余时间都呆在教室里与学生一起学习。他们坐在教室里看书，四肢都是冰凉的，那种寒冷仿佛破土而生，从脚底慢慢往身上蔓延。他的镜片上结起了薄薄的冰片，双手双脚都长满了红肿的冻疮，有些已经破脓发炎，不忍直视。学生劝他回宿舍休息，都被他婉拒。

何燮侯每天从清晨便开始陪读，一直到夜深。无论酷暑严寒，甚至感冒发烧也不例外。学生被他的敬业爱岗精神所感动，全班更无怠慢松懈者。他所教授的班级在年度考试中总是名列前茅，成为京师大学堂的“学霸班”，背后他所付出的艰辛却无几人知道。

第二年，何燮侯被学校升为学部员外郎，这就意味着除了教书育人外，还有更重的担子压到他的肩膀上。

也是这一年，因为学生数量逐渐增加，京师大学堂面临扩建校堂的问题，何燮侯当时被任命为学堂扩建小组的主要成员，他奉命前往日本考察大学制度，筹划图书设备及建筑等相关事宜。

何燮侯凭借他在日本的朋友圈及其流利的日语水平，带领学堂扩建小组的成员在短短几个月里就跑遍了日本各所著名大学。这一路风雨兼程，因为学校的考察费用有限，何燮侯为了能多跑几个学校，在饮食住宿上极为节俭，常在乡间农民家打地铺过夜，甚至不惜拿出自己的工资补贴。

回国后，何燮侯马不停蹄带领全组成员对在日本获得的第一手资料进行整理，并召开全校师生讨论会，支持所有人畅所欲言，将各自的需求及对学院的扩建期望都提出来。会后，何燮侯命人将所有发言人的建议都记录在簿。

何燮侯用一个晚上的时间将所有师生的意见都仔细翻阅了一遍，他认为既然学堂是为学生学习而设，学生和教师的意见和需求就应该放在第一位。除此之外，日本大学制度建设等虽然在国际上都位于领先地位，但究竟是不是应该照搬照抄，也是何燮侯考虑的问题之一。

到京师大学堂扩建工程动工前夕，何燮侯不顾辛劳地拜访了国内几位知名的建筑设计师，希望他们能根据国内实际情况为此次扩建工程提出一些针对性的专业建议。可以说，在京师大学堂的扩建工程中，何燮侯起到了举足轻重的作用。

何燮侯为筹办京师大学堂的殚精竭虑、呕心沥血，每个师生都看在眼里。从日本回来后，何燮侯就被任命为京师大学堂工科监督（即工学院院长）兼新校舍建筑主任。此任命实至名归，何燮侯也因此得到了广大师生的拥护爱戴。

何燮侯的性格刚毅不屈，办事雷厉风行，一破当时官场的拖沓之风。他到任后，各项工作都得以迅速开展。

1908 年，德胜门外的新校舍开工兴建。在筹建学校校舍的时候，有日本建造商在得知何燮侯是新校舍建筑主任后，趁夜色偷偷贿送厚礼到他的住所，想以此得标。何燮侯一眼就看出他们想谋求暴利的目的，还未等他们开口，他就严词拒绝道："一切竞标都有严格的流程要求，任何人都必须按照竞标要求来。请把你们的东西带走。"说完就闭门送客，丝毫没有给日本建造商一点情面。何燮侯在官场上不惧权贵、清廉刚正的姿态，赢得了诸多在校师生的推崇与尊敬。

此事之后，再也没有建造商来何燮侯处行贿，此事更在北京传为美谈。何燮侯始终坚持秉公定标，新校舍的建造工程在他的监督下有序进行，同时也保证了校舍的质量，保障了全校师生的利益。

1910 年 2 月，经过一番休整后，经、法政、文、格致（即理科）、工、农、商七科正式成立，京师大学堂这时才具备了一所真正大学的规模。

就职于京师大学堂的几年里，何燮侯凡事皆身体力行，

何燮侯先生任京师大学堂工科监督时留影（1910年于北京）

亲力亲为，不分昼夜，常年没有假期，甚至有时候半个月都不回家。妻子不禁偶尔跟他抱怨，希望他能抽出一点时间陪陪家人。何燮侯面露难色：“如今正是学堂兴建时期，也是非常时期，很多筹建措施都等着我去完成，容不得拖延。现在学堂需要我，在有生之年多做点有意义的事是我的理想。家中的事还望你多操劳，等这段时间忙过去了，我再陪你和孩子出去走走。”妻子本就是知书达理之人，从何燮侯事业起步之际就一直默默地在背后支持着他，不求回报。何燮侯自回国后就全身心扑在教育事业上，家中所有的事务都由妻子一手打理，甚至连生病都是自己独自去医院就医。丈夫一心为国为民，她都予以理解支持。但心里到底放心不下丈夫，于是做了可口精致的饭菜送到学堂，但何燮侯常因公务废寝忘食，等饭菜都凉了才想起就餐。两夫妻在狭小的宿舍里，就着已冷的饭菜却吃出了人间世俗的温馨幸福。

何燮侯一心想在国内创办一所能与日本相媲美的一流大学，但天不遂人愿。1911年10月10日，中国爆发辛亥革命，清政府下令暂时停办京师大学堂，所有人员被迫解散。

这个消息像一块巨石，从天而降重重砸在何燮侯的心上。几年辛劳成果瞬间化为烟云。他知道政府命令已下，万事皆无法挽回。回家后，他将自己锁在房间里，妻子见他无心茶饭，神情落寞，人也日渐憔悴。于是请了几位好友前来相劝，希望他能尽快从消沉中走出来。

一个星期后的黄昏，妻子端着饭菜轻轻推开他的书房。书房并未点灯，只有窗帘外微弱的夕阳投射进来，何燮侯穿着长袍，正坐在沙发上默默地抽着烟。他这样孤独，身影沉浸在余晖里，孤独被照得到处都是。他原本是不抽烟的，许是因为心情抑郁才学着抽烟发泄。他的两颊瘦削得像被刀修过一般，她很想安慰他，却不知道怎么开口。这些年他虽然辛劳但内心是快乐的，从京师大学堂的扩建，到学堂各项制度的拟定，直到学堂各方面都走上正规，他如同抚育一个孩子般，从出生便一直悉心照料，不承想一纸文书就将他所有的努力化为乌有。他内心除了深深的挫败感，更多的是对未来的迷茫。

就在他妻子准备离开房间时，何燏侯忽然抬起头来，用几不可闻的声音说："咱们一起吃晚饭吧。"妻子有些意外，忙坐下来与他一起就餐。他却忽然握起妻子的手，满脸歉意地说："这些时日，让你为我操心了。"妻子终于忍不住流下泪来，何燏侯轻轻拭去爱妻的眼泪，将她拥入怀中："虽然京师大学堂被停办了，但我想绝对不只这一条出路。只要为国的心是坚定的，不管在什么岗位都是一样的。"

何燏侯内心深处始终不曾放下过对国家民族的深深牵挂，对国家民族前途的忧虑让他无法长时间失落沉郁。

1912 年 1 月，中华民国成立，何燏侯因出色的工作能力被任命为农商部矿政司司长。他在新岗位依然辛勤工作，但心里始终未曾放下建设发展教育事业的念头，每每想到京师大学堂就如鲠在喉，那里埋藏着他未来得及展现的抱负。

值得庆幸的是，此时中国的教育界迎来了第一任教育总长——蔡元培先生。

蔡元培，字鹤卿，又字仲申、民友、孑民。浙江绍兴山阴县（今绍兴）人，原籍浙江诸暨，是著名的革命家、教育家、政治家，也是民主进步人士，曾任国民党中央执委、国民政府委员兼监察院院长。蔡元培先生作为中华民国首任教育总长，1916 年至 1927 年任北京大学校长，革新北大，开"学术"与"自由"之风；1920 年至 1930 年，蔡元培同时兼任中法大学校长。

蔡元培先生为人宽厚、恻隐为怀，对中国社会及陋俗有透彻观察；两度游学欧洲、亲炙文艺复兴后的科学精神及法国大革命后的思潮。他提倡民权与女权，倡导自由思想，致力革除“读书为官”的旧俗，开科学研究风气，重视公民道德教育及附带的世界观、人生观、美学教育。蔡先生提倡兼容并包、思想自由，使得新文化有了立足之地，使北大成为新文化运动的堡垒，科学民主的思想得以传播。

蔡元培先生坚持办学、发展国内教育事业的思想与何燮侯不谋而合。他们将教育视为救国的基本途径，推崇思想、学术自由，而对政府官僚掣肘、摧残教育有着深切的感受，因此他们都是教育独立的积极倡导和支持者。蔡元培先生的就任，在一定程度上为国内教育事业的重筑起到了重大的作用。

1912 年 3 月，严复被任命为京师大学堂总监督。

严复原名宗光，字又陵，后改名复，字几道，福建侯官县人，近代著名的翻译家、教育家、新法家代表人。先后毕业于福建船政学堂和英国皇家海军学院，曾担任过京师大学堂译局总办、上海复旦公学校长、安庆高等师范学堂校长、清朝学部名辞馆总编辑。在李鸿章创办的北洋水师学堂任教期间，培养了中国近代第一批海军人才；并翻译了《天演论》，创办了《国闻报》，系统地介绍西方民主和科学，宣传维新变法思想；将西方的社会学、政治学、政治经济学、哲学和自然科学介绍到中国，提出的“信、达、雅”的翻译标准，对后世的翻译工作产生了深远影响；是清末极具影响的资产阶级启蒙思想家、翻译家和教育家，是中国近代史上向西方国家寻找真理的“先进的中国人”之一。

毫无疑问，严复提倡西方现代教育管理思想和教学理论的思想，与何燮侯有异曲同工之妙。

1912 年 5 月，京师大学堂改称为国立北京大学。严复在国立北京大学任职期间，对待工作认真负责，教育教学工作管理有方，让曾经停办的京师大学堂逐渐恢复到之前的繁荣状态。但让人遗憾的是，同年 10 月，严复突然辞职离京，而将继任的章士钊却因事没有到职，总监督一职由马良代理。

这个时候，寒假将至，而学校下学期的经费却迟迟没有着落。

11 月，马良在万般无奈之下向比利时银行洽商贷款了 40 万法郎，双方约定用学校地产作为抵押。学生闻讯都聚到马良的住处进行指责，并以“盗卖校产”的罪名迫使马良辞职，一时间，整个学校都乱成了一锅粥。

见此情形，本应到任的章士钊也递了辞呈。

当时的北京大学成了一个烂摊子，不仅校内秩序混乱，而且麻烦的是学校还担负着 40 万法郎的外债，如果不能及时还清，学校地产将被银行收回。

北京大学突遭此劫难，无人愿意继任北京大学校长的职务,这个职务成了一个烫手山芋。就在学校生死存亡之际，何燮侯挺身而出，他筹办京师大学堂多年，熟悉大学教育事务，临危受命继任了北京大学校长。何燮侯的归来让全校师生都燃起了复兴的希望。

此时的国民政府推行重教兴国政策，何燮侯在担任校长一职后，虽公务繁忙很多，但仍不忘与鲁迅等朋友保持着交往,这一点在《鲁迅日记》中仍见记录。有所不同的是，所载都是何燮侯招饮鲁迅先生各位：

1913 年 3 月 24 日：“晚何燮侯招饮于厚德福，同席马幼渔、陈于盦、王幼山、王叔梅、蔡谷青、许季市，略涉麻溪坝事。”这些在一起喝酒的，都是绍兴老乡加同事，他们在一起，难免谈及故乡。所谈的“麻溪坝事”，就是当时绍兴一桩闹得很大的风波。麻溪坝位于进化镇鲁家桥村，为明代所筑。因坝内外山阴、萧山两县存在利害矛盾，两县村民为该坝存废争讼数百年。1913 年 2 月，山阴天乐乡四十八村村民群起拆除该坝，引起风波。这件事后经乡绅汤寿潜调解，最终以建麻溪桥而起到两全其美的效果。[1]当时何燮侯已经就任北京大学校长，席间与诸君谈起此事依旧关切。可见，对于故乡的任何风吹草动，何燮侯依旧十分关注，足见其浓浓的思乡重乡之情。

1913 年 8 月 18 日，鲁迅先生刚从绍兴探亲回来，何燮侯先生便宴请先生一行。这一天，鲁迅先生的日记是这样写的："晚何燮侯以柬招饮于广和居，同席者吴雷川、汤尔和、张稼庭、王维忱、稻孙、季市。"鲁迅先生是这一年的 6 月 19 日请假离开北京赴绍兴老家，至 8 月 7 日才回到北京。看来，这次何燮侯招饮，还有着为鲁迅先生接风的意思，足见两人的情谊非同一般。二人不但时有相晤对饮，且有书信往来，鲁迅先生在日记中也常有"致何燮侯信"这样的记录。

在何燮侯的交友圈内，"往来无白丁，谈笑有鸿儒"，其所交挚友皆为志同道合之人，也为其后来走上抗日道路，为新中国尽心出力做了铺垫。

何燮侯受命上任北大校长后，首先要解决的难题就是学校的经费问题。他就任后第一时间用北大校长的名义向华俄道胜银行借款 7 万两，北京大学才得以按时开学。又向当局以去留力争，议定每年经费由教育部按语段数目发给学校，并且改"两"为"元"。学校经费这个大难题至此才算得到了解决。

原来的京师大学堂仕学馆的学生基本是八品以上、五品以下的官员，进士馆的学生多为新科进士，师范馆学生为举人、贡生或监生，预科及本科学生很多都是权贵子弟。虽然是学生，终究不失"老爷"的身份，因此很难建立严正的学规，多年来学堂纪律松弛，相沿成为习惯，更有少

---

① 王锡荣：《鲁迅的思乡情结》，《文汇报》2016 年 4 月 18 日第 7 版。

数学生纵情声色，荒废学业，导致学风涣散糜乱。同时由于各方保守势力的多方掣肘，以及当时国内学术条件的限制，教学水平难以提高，根本达不到真正大学的水平。

何燮侯在解决了学校经费之后，便开始着手整顿当时学校的学风学纪问题。何燮侯制订了一系列严格的规章制度，建立起一套完整的教育秩序，他极力促使学校走上正轨，使教育真正达到“公平平等”的地步。

在何燮侯的主持下，学校逐渐走上轨道，开始组织春、秋两季招生。

1913 年 5 月，学校开始组织招生工作。当时多数省份已开办高等学堂（相当于高级中学），为了提高大学本科学生的素质，何燮侯奉教育部命令，出布告宣布：“凡预科学生欲入本科者，须先经过入学考试。”布告规定预科学生毕业后必须与各省高等学堂毕业生一样，经入学考试合格者才能升入大学本科。而这一措施，引起了诸多预科生的不满。

何燮侯想尽快做到公平平等，迅速开展学校教育工作，但由于没有做好疏导工作，操之过急，侵犯了一众预科生的利益。当时又有少数人从中鼓动，于是酿成一场学潮。许多预科生聚众包围了校长办公室，胁迫何燮侯辞职。

何燮侯面对来势汹汹的预科生，面不改色，并未因此妥协。他的目光坚定有力，透过薄薄的镜片落在每个学生的身上，他的声音铿锵有力：“不论今日你们如何闹事，学校始终坚持择优录取的原则。这里是学校，我不管你们出身家世如何，所有人我都将一视同仁。如果想进入大学本科，只有刻苦读书，通过入学考试这一条路！”整整一个下午的时间，校长办公室的争吵声慢慢平静下来，何燮侯对预科生们的无理质问一一进行解答，并加以谆谆劝告，据理力争。最后教育部出面按章法处理了几名行凶闹事分子，这场闹剧才算结束。

事情平息后，何燮侯把几个被开除的学生叫到办公室。刚开始的时候，他们一个个趾高气扬，都以自家身世来压迫威胁何燮侯。何燮侯却并未动怒，反而耐心地继续教育他们，对他们晓之以理动之以情。谈话完毕，何燮侯又担心这些被开除学生的前途，便私下动用自己的人际关系为他们一一安排了出路。几位学生临走时都泪流满面，羞愧不已，纷纷向何燮侯低头道歉。很多年后，他们学成归来，还不忘前来探望恩师何燮侯。

经历了13天的骚动后，大学本科的教学秩序又恢复了稳定，各项工作也并没有因此停顿，足见何燮侯经营学校有道。

然而一波未平一波又起，1913年夏，北大除招收本校预科毕业生外，首次向全国招生。当时的校舍十分紧张，何燮侯为解决校舍问题，向当局申请先恢复1912年停下来的经、文两个学科校舍的未完成工程，同时使用已竣工的部分新校舍。此一建议不仅未获当局政府的批准，反而被告知当局政府要将已经竣工的部分校舍划给陆军办讲武堂。这些新校舍都是由何燮侯辛勤筹划，一砖一瓦兴建而成，一夜之间全被占去，何燮侯气愤难填，却也无可奈何，为保全学校只得忍一时之气。

值得欣慰的是，在何燮侯的带领、一众师生的努力下，1913年11月，北京大学各科的四个班学生共计200余人全都如期毕业。这是北京大学历史上第一批本科毕业生，与此同时下一学期的招生工作也在顺利进行中。

这一年北京大学的学生人数多达780人，比过去增加70%。所有人都为这个成绩雀跃不已，其中也包括何燮侯。

然而，就在何燮侯的苦心经营渐渐结出成果的时候，一场灾难悄悄地降临北京大学。

五、被迫辞职离官场

1913 年的秋天，注定是一个多事之秋，都说秋风秋雨愁煞人，这一年满城的秋愁都统统朝北京大学袭来。

那一年，国民政府新任的教育总长是汪大燮。

汪大燮原名尧俞，字伯唐，一字伯棠，浙江钱塘（今杭州）人。在清末和民国初年，曾担任外交官员和政府公职，并曾出任国务总理。汪大燮趋向维新，在维护国家利益方面毫不含糊，但在对国内教育事业的创办上却与蔡元培先生有不同之见。

汪大燮就任后为了减少国家教育经费，以京津是一个大学教育区，只能设一个大学为借口，几次向教育部提出要停办北京大学，欲将其并入天津北洋大学以减少开支。这个消息一出，即遭到何燮侯与全校师生的强烈反对。

何燮侯为此曾呈文大总统袁世凯，书曰："办理不善，可以改良；经费之虚糜，可以裁节；学生程度不齐一，可以力加整顿，而唯此一国立大学之机关，实不要遽行停止。"①这无异是公开对教育部进行驳斥。

由于何燮侯和全校师生的坚决反对，加之当时社会各界舆论的压力和国会议员的质询，当局裁并北大的企图只

① 选自《何燮侯（燏时）先生传》。

好打消，北京大学最终得以保留下来。

然而经过此事，何燮侯与教育总长汪大燮发生了龃龉，并且逐渐对袁世凯的独裁统治表示出不满。何燮侯在公众场合直言道："新政府（指袁世凯政府）成立两年，而政治措施一循前清旧规，无长足之进步。"。

这些年，何燮侯在官场中的起伏跌宕，看惯了官场风云，他早就不习惯旧官场中的酬酢，也厌恶了彼此间的钩心斗角。因为与当局发生龃龉，何燮侯在办事时多受掣肘，又联想到之前新校舍被占和爆发学潮等事件，他感到灰心丧气，精神备受打击，遂萌生了退意。

终于在 1914 年 1 月，何燮侯正式提出辞职，由工科学长胡仁源继任北京大学校长。

何燮侯离任的时候，新校舍已被停建，建筑经费除了已拨除使用的，尚余二三十万元，管事人按照中国官场的惯例，请示何燮侯确定留成的比例数，以便伪造假账，但何燮侯坚决不同意，为了防止下面作弊，他还亲自核对移交账目，一一按实呈报。

何燮侯在任职期间，清正廉明，不畏强权。

他在京师大学堂就任时，忙碌的工作之余还兼授工科的专业课程，每一堂课他都认真备课，仔细批题。任北大校长时，因为新生增多，教师不够，他就亲自兼课教授数学。当时的教师待遇其实很优厚,每月薪金达 800 银元之多，但何燮侯却因当时学校经费困难，每月只领取 400 元，将其余的 400 元统统捐献给学校增添图书仪器等。而每月拿到的 400 元除了贴补自己家用外，何燮侯还会寄一部分给家中老父母用，希望他们能过上衣食无忧的生活。

除在老家花明泉村时外，何燮侯从来都是租房居住，他和妻子甚至没有自己的房子，他们租赁的房子也是极其简陋狭窄。一日三餐，夫妻俩都以素菜为主，更别说添置新衣物了。

何燮侯一心扑在发展国内大学教育事业上，却在其事业道路初见光明时，遇到重重阻碍不得不忍痛放弃了自己在教育事业上的前途，这对一心想走教育救国路线的他来说无疑是重重一击。

何燮侯任职京师大学堂时，正值北大逐步走向正规大学的关键时期。学科的设置、校舍的兴建、经费的筹集、风纪的整顿、学制的改革、学校的保全等，都由他一人出力而成。除此之外，何燮侯还以校长之力，延揽了许多人才到北大任教，开创了北京大学的一代校风。

著名诗人、书法家、教育学家沈尹默先生后来回忆，马裕澡、沈兼士、钱玄同及他自己，皆是由何燮侯延揽入北大。另外，何燮侯在主持北大校舍建设和出掌北大期间，有许多贪污私授的机会，更不乏有前来行贿者，但何燮侯自律甚严、廉洁奉公，这在旧式官场乃至现今社会中都是极为难能可贵的品质。

六、另谋出路遇坎坷

何燮侯执意辞去北京大学校长职务的消息一出，令全校师生痛惜。当他整理好行装从宿舍出来时，就看到门口聚集了黑压压的师生，其中还掺杂着前不久参与学潮事件的几名学生。一双双漆黑明亮的眼睛都注视着何燮侯，他知道他们是在无声地挽留他。何燮侯负手踱步走到他们面前，神情自若，言简意赅："同学们，你们就是国家的希望，国家兴旺的担子交到你们肩上，可谓任重而道远。"

周遭鸦雀无声，片刻，有几个女生忍不住抽泣起来。有老师走上前，劝道："何校长，您还是留下来吧。我们需要您，北大需要您。"此言一出，学生也忍不住纷纷开口挽留，希望他能改变主意。

何燮侯微微一笑，朝他们挥手道："人生如戏，总有离别。我走之后，无论是哪位老师教你们上课，都希望你们更加发奋读书，为国家、为民族振兴而读书！"话音刚落，他就背起行囊朝送别的师生挥手道别，大步走向校门。

他的背影渐行渐远，清瘦嶙峋，却坚定伟岸，整个北京大学仿佛都融了进去。

何燮侯回家后没几天，就接到北洋政府任命他为四川省矿物署署长的消息。妻子问他如何打算，何燮侯毫不犹疑地说："你是懂我的，我并不适合这份工作，也不会去上任。"

何燮侯作为家中的主要劳动力卸任归家，并无旁的收入，经济来源成了一个难题。四川省矿物署署长本是一个肥差，但何燮侯自知当时的官场贪官好做，庸官好做，好官却不容易当，他既无靠山，又缺乏圆滑应付的本事，加之地方派系斗争激烈，所以决定辞不就职。妻子理解他内心的想法，并没有问下去，只是与他对视，轻轻握住他的手，给了他最坚定的支持。

之后，何燮侯携妻儿隐居家园，不问时事超过五年，或许是他真的心身俱疲，急需躲进港湾里暂时休养，又或者他对中国旧式官场的腐败已无法忍耐。在这五年里，他每天与妻子日出而作，日落而息，如尘世间最寻常的夫妻，他经常皱着的双眉也舒展开来，生平初次体会到了真正的天伦之乐。

何燮侯虽归隐田园，但心始终记挂着国家民族，他如一丛空谷幽兰般静静等待着清风吹来盛开的机会。

有一天，何宅来了一位名叫汤哲存的先生，给沉寂的何燮侯带来了一丝希望。汤哲存是何燮侯多年的好友，他在印度尼西亚桑佛经营着橡胶园，此次正好要前往印尼，临行时特地来与何燮侯告别。

何燮侯一听，心生一念，与妻子商议后便同他一起前往印尼游览橡胶园，并借此机会考察了南洋一带的风土人情和矿藏出产——这本就是何燮侯的专业。他看到南洋的矿藏出产经营，心中陡生一个念头，如果把这些引进国内会如何，国内是否也能发展矿藏工业？这些念头不断盘旋在何燮侯的心里，如果能在国内发展矿藏工业，促进经济发展，那岂不是利国利民的好事？不巧的是当时第一次世界大战爆发，战争的烽火燃及南洋，何燮侯还未考察完就怏怏返回祖国。

何燮侯回国后，脑海中始终放不下在印尼考察矿藏的情形。他想到另一条救国之路——振兴实业，强国富民。他想成为如汤哲存一样的实业家，回家乡开矿来报效桑梓，一改当时国内萧条的经济情况。

既然有了想法，何燮侯很快就付予实施。在好友的帮助下，何燮侯先后在浙江、福建等地筹办开矿，并参加了长兴煤矿等的开创兴建工作。但煤矿的筹办开发远没有他想的那么简单，何燮侯作为一个文人，从未踏足过商界，本就没有经商的经验，是个十足的门外汉。加上煤矿产业在当时国内属于新兴产业，创业一开始就遇到了诸多问题：缺乏充足的资金，招揽不到善于经营煤矿的人、无专人协助，国内重工业一无基础没有辅助，等等。这些难题像一座座小山压在何燮侯的肩上。

有一次，何燮侯派人前去采购机器，却因不熟悉行业情况被德国商人所骗，花重金所购得的机器运来后屡出故障不能正常投入使用，企业濒于破产。后来他又开了几个小矿，没多久也因经营不善失败了。何燮侯从创业初始就狠狠碰壁，但他始终坚信实业救国这条路并没有错。无奈他一身正气，哪里能在奸诈的商海中从容浮沉。

1931 年前后，何燮侯与楼秉谦、骆瀛等诸多开明乡贤在家乡枫桥镇集资修建了一条 20 余千米长的枫上铁路，用来通客货运输，主要将村镇山货及粮食运到诸暨县浦阳江船埠，再运回日用百货。这条铁路是浙江省内最早的轻便铁路之一。枫上铁路东起盐店横头（位于枫桥集镇），西至上山头（今山下湖镇尚山自然村），横跨泌湖区域，计划最终和浙赣铁路湄池站连接。[①]这条铁路刚修建成功的时候，为枫桥人民带了很多便利，尤其是山区农民，能将自己所

① 阮建根：《枫上铁路兴衰始末》，选自章飞燕：《诸暨社科集刊》，光明日报出版社 2016 年版。

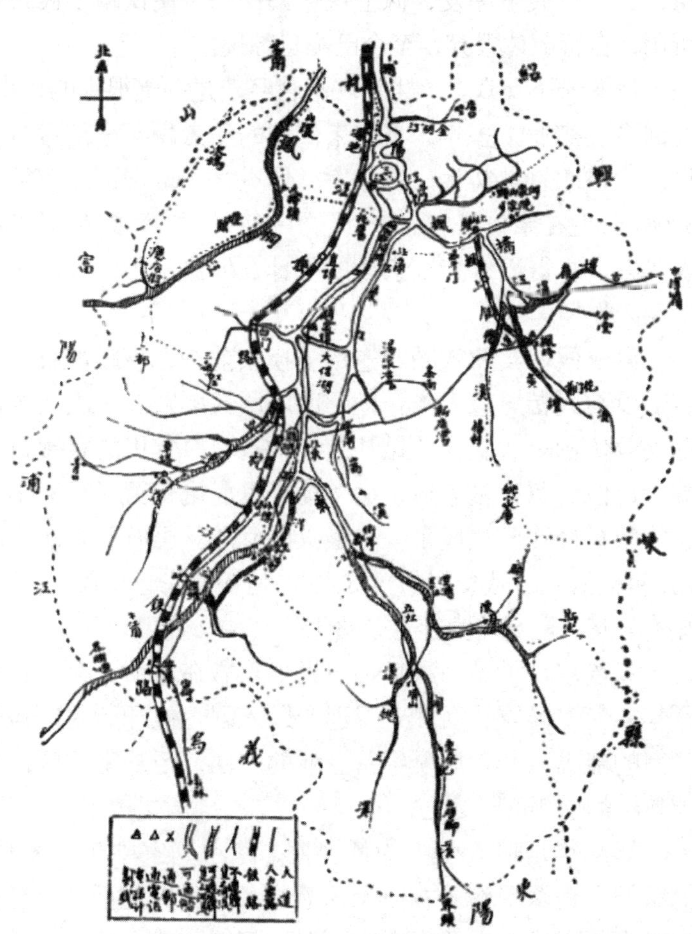

枫上铁路在诸暨县交通图中的位置

种的农作物运到县城换取所需物资。枫上铁路在一定程度上便利了交通，也提高了当地居民的生活水平。但遗憾的是，经过一段时间的消化，加上道路交通逐渐便利，已经没有太多物资在窄轨铁路上运送。枫上铁路也只能勉强维持，到抗日战争爆发，枫上铁路公司为了使铁路不被日寇所用，自行解体毁弃，至今已难觅踪迹。

何燮侯子女众多，生活和教育经费是一笔很大的负担，他回乡办实业十多年，将原来仅剩的一点积蓄全部亏损耗尽。后来北京洪铸生、袁涤庵、邢冕之三位好朋友资助了3000元,他在余杭县与人合资开了一座小厂,主要铸造铁锅、农具等，才得以维持一家人的生计，但这家小厂最后也不幸倒闭收场。

何燮侯在实业救国的道路上摸索前进，摸爬滚打，但苦于没有人指导也无人帮助，所以屡战屡败。一次次的碰壁失败仿佛一次次的飞蛾扑火，眼看着口袋里的存银日渐减少，他心急如焚，日子过得捉襟见肘倒也罢了，家中子女的教育经费俨然成了一个最大的问题。虽有朋友解囊相助,可他深知“救急容易救贫难”。何燮侯一心想救国救民，却不承想自己竟迷失在这条路上。

深夜，妻子已经入睡。月光如霜撒在床前，凝成一地霜华，何燮侯辗转反侧，迟迟难以入眠。他开始质疑自己经商的能力，开始质疑经营企业的方法，但从未质疑过救国救民的这颗赤子之心。

那几年是他人生中的低谷期，除了为家中生计发愁，他精神上也深受打击，但无论遭遇多少坎坷挫折，历经多少风霜雨雪，遍尝多少人间冷暖，何燮侯从未放弃过要报效祖国、救国救民的初衷。

七、信仰马列得真知

当时的中国正处于国民党政府的黑暗统治之下，军阀混战，国事糜烂，民生凋敝。何燮侯眼看着国民生活在水深火热中，食不果腹，衣不蔽体，内心备受煎熬。他一心想走实业救国的道路，屡次开矿创业却屡次失利，后又经历一系列重创打击，导致实业救国的理想破灭。国难家累，使得何燮侯思想消沉落寞，精神上彷徨苦闷。他每日坐在书房里默默地抽烟，偶尔有朋友来访才交谈几句。那段岁月，他苦觅出路，却始终没有方向。

正当何燮侯失望之余，他通过朋友获悉俄国十月革命成功的消息。这让他在低谷中看到了一线光明，他开始研究马列主义。何燮侯在留学日本时，就曾经接触过马克思主义著作，但那时只是作为一种学说来浏览，并没有进行深度研究。他自己也没想到偶遇的马列主义，竟会成为他下半生的精神支柱。

何燮侯在接触马列主义和共产主义后，整个人变得神采奕奕，一扫之前阴霾。他整日都泡在图书馆里翻阅资料，或者与友人一同在书房里讨论马列主义与共产主义能在俄国博得良好的群众基础，并赢得十月革命的原因。他们还讨论如何在中国引进马列主义，实施共产主义，讨论到有分歧处，甚至争论得脸红脖子粗。何家书房里每天都充斥着讨论声与谈笑声。但他妻子知道，这才是真正的何燮侯，他仿佛又找回了筹办京师大学堂时的风采。可是渐渐地，何燮侯和友人都发现，想要在在中国真正实践马列主义与共产主义，仅凭书上的理论支持远远不够。他又陷入无尽困惑之中。就在此时，中国共产党人给他指出了前进的光明道路。

何燮侯接触的第一个共产党人是陈创人。

陈创人，原名陈伯清，诸暨县枫桥镇勤农村人。1922 年，陈创人毕业于大东乡学堂，即在枫桥镇上任小学教员。他的叔叔陈馨山是一位私塾老师，常阅读进步书刊，喜爱谈论国家大事，曾经手抄过《共产党宣言》，这对陈创人的影响很大。1926 年，陈创人经陈柏树介绍参加了中国共产主义青年团，正式从此走上了革命道路。

1927 年 2 月，北伐的国民革命军第三十六军到达诸暨县枫桥镇，何燮侯当时就住在枫桥镇附近的陈家村。时任枫桥镇党支部书记陈柏树、共青团员陈创人都是陈家村人。陈柏树在一次偶然的情况下，得知了何燮侯的事迹，知道他是马列主义和共产主义的热情拥护者，就主动前去拜访他。

陈柏树与何燮侯在他的书房里从中午一直聊到晚上，两人颇有相见恨晚的感觉。夜色四沉，书房里已点起了煤油灯，妻子三次催他们吃饭无果。年近五十的何燮侯精神矍铄，在灯光的照耀下，脸上洋溢着异常明亮的光彩，他的双眼闪亮，如黑曜石般明亮透彻。那天，他们就国内外时事形势交换了各自看法，陈柏树给何燮侯进行了革命的教育，指明了革命的前景。

那天以后，陈创人的叔叔陈馨山也开始与何燮侯来往，两人常坐在一起晤谈，一谈便忘了时间，仿佛有说不尽的话。他们不仅性情相投，就连对马列主义及共产主义的看法都一致。何燮侯因此受到了很好的共产主义影响。

当时的共产党处境艰难，前途叵测，何燮侯很同情共产党，对蒋介石背叛革命、血腥屠杀的种种行径表示强烈不满。当何燮侯第一次真正接触共产主义时，他自然不会想到，自己从此将走上共产主义的道路，开启另一段坎坷却光明的人生。

在 1928 年前后，何燮侯在友人汤伟臣、汤哲存处读到日译本的《资本论》，便有种进入藕花深处的惊喜。随后他又偶然在朋友家中看到了美国艾迪博士著的《苏联游记》，瞬间就对社会主义制度产生了向往，苏联成立以后在政治经济上的改革措施和建设的突飞猛进令他十分钦羡。他多希望自己深爱的祖国也能如苏联一样，在政治经济上有突破性的改变与进步。

当时国内"白色恐怖"尤其严重，国民党政府查禁一切共产主义书籍。一般人避之不及，何燮侯却屡次冒险在上海内山书店收购各种日文版马列著作，并全年订购中外进步书报,诸如《资本论》《共产党宣言》《辩证唯物论》等，旁及中外凡关于苏联的游记、著述、杂志、五年计划等各书他仔细阅读，读到精彩处还不忘做摘录。何燮侯开始深度了解共产主义为救济人类之最新学说。何燮侯的子女深怕他的行为触犯到当局政府的利益，为他们所迫害，便经常苦心劝诫他暂避锋芒，但何燮侯反而义正词严道："马列主义、共产主义都是进步的学说，光明的理论，我为什么要躲躲藏藏？"

值得一提的是，上海内山书店也是鲁迅先生经常去的地方，书店老板是鲁迅的好友。何燮侯经常去内山书店购书,极有可能就是经鲁迅先生介绍的,或许在上海内山书店，何燮侯与鲁迅先生曾有过一见。当然这些都是后人的推测猜想，并未留下任何文字的记载。

何燮侯过去对政治并不感兴趣，但经过二十多年的社会阅历，筹办京师大学堂失败、实业救国失败、多次创业失利等，他深刻体会到国内政治体制的腐败落后，只有改革社会制度才能改变中国的面貌。介绍共产主义的著作越读越有味，马列主义是拯救人类的最好学说，等等，何燮侯对此坚定不移。

何燮侯有了信仰后，精神转而昂扬。他在亲戚朋友中公然热烈宣传苏联社会主义的优越性，被好友笑作“苏联迷”。他和好友陈季侃经常为共产主义是否适合中国国情而辩论，两人各执一词，往往争得面红耳赤。季侃先生曾任甘肃省省长，当时是浙江省参议员，两人尽管争论不休，但友情丝毫未受其影响。

1932 年 3 月 9 日，日本帝国主义在侵占东北三省后，利用汉奸在东北成立了伪“满洲国”。当时的“伪满”大臣罗振玉（曾任京师大学堂农科监督）、“伪满”总理郑孝胥都是何燮侯的旧友，两人知道何燮侯广交好友，在业内呼声极高，极具权威，加上曾任北京大学的校长，追随者众多，于是想请何燮侯出任伪“满洲国”教育部长，为他们效力。

但同时他们也深知何燮侯的脾性，知道他向来宁折不弯，谁的面子都不卖。两人经过多番打听，得知何燮侯家中清贫，日子过得捉襟见肘，他们认定这会是一个突破口。于是在发电邀请他的同时汇去旅费 3000 元，想以金钱打动何燮侯。3000 元在当时无疑是一笔重金，不仅能让何燮侯还清外债，而且能让他全家都过上温饱的日子，不再为钱发愁。可是何燮侯在接到这封电报后，面对 3000 元的汇款丝毫没有动心，他果断拒绝了他们的邀请，并一文不少地退回汇款。他在回信中的言辞十分严厉，表达了自己誓死不做卖国奴的决心，同时痛斥了罗振玉、郑孝胥为钱卖身的无耻行为，果断与他们断了情谊。

何燮侯不但重视民族节气，而且对国民党“攘外必先安内”的反动政策亦表示不满，当时国民党的要员中有不少他的同学故旧，时常邀请他出来做事，但都被他婉拒。有好友三番四次前来劝说，他闭门不见，以“道不同不相为谋”为由将他们拒之门外。

有一次，国民党军队的师长陈时骥回诸暨县枫桥镇省亲，听闻何燮侯的盛名特意来他家中探望。何燮侯热情招待了陈时骥，并趁机历数鸦片战争以来中国人民所遭受的苦难。他恳求陈时骥不要带领军队到江西打内战，何燮侯饱含眼泪道：“战火屠戮，受苦的只是中国的老百姓。”一句话说出了他的心声，也道出了他深沉的爱国爱民之心。

但陈时骥并没有听他的劝告，结果在 1932 年 6 月，蒋介石发动对共产党的第四次“围剿”时，他的一整个师被共产党一举歼灭，而他本人也成了俘虏。他在牢狱中想起何燮侯劝诫他的话，心中懊悔不已。

何燮侯遇到马列主义、共产主义时正是人生的低迷时期，当时的他如同置身在浩瀚无垠的海洋中，分辨不出前进的方向。可以说他信仰马列主义，向往共产主义，最终走向共产主义的道路是偶然的，也是必然的。马列主义就像一盏领航灯，在漆黑的海面上为他指明了方向，让他下半生老有所依。

何燮侯本是一介文弱书生，从教育救国，到实业救国，每一次经历都让他倾尽所有。他从幼年之时就生活在清政府的腐败统治下，同情食不果腹、水深火热的底层劳动人民，年少时前往日本也是为寻求救国救民的道路，他在看到资产阶级国家平等、民主、自由的政治体制后，更是想将这些思想传送到国内，却始终行不通。

所幸的是，他遇到了马列主义、共产主义，犹如贤才遇明主，马列主义的出现成了他坚定的精神支柱，赋予他丰富的精神食粮。何燮侯恍若重生，他想起幼时独自在小阁楼里苦读的那些岁月，孤独冷寂，是他一个人徐徐前进的岁月。但自从接触到马列主义后，他觉得自己的孤独感全然消散不见，他发现，原来有千万同胞也像他一样始终走在探寻救国救民的道路上，他不再是独自一个人。

八、花甲之年参抗日

1937年7月7日，是一个让中国人民都无法忘怀的日子，灾难天降。“七七事变”爆发，全面抗战由此开始，全国人民都卷入战火硝烟中。余杭沦陷，何燮侯为了避战暂时回到老家花明泉村居住。虽然身居老宅，但他始终心系国家民族，日夜担忧战争带来的灾害。他发愁自己不能为抗战做点什么，只能每日从报纸书刊、广播等捕捉一点战争信息。

1938年4月，时任中共诸暨县枫桥镇镇委书记的陈创人在前往延安前再次看望何燮侯。这一次他没有时间亦没有心情与何燮侯讨论马列主义，他怀着沉重的心情特意向何燮侯告别。两人如已经相交半生的好友一般，临别时，陈创人送给何燮侯部分马列主义书籍的中译本及延安发行的《解放日报》《群众》等刊物。何燮侯送他到村口，依旧拉着他的手不愿放开。已经六十岁高龄的何燮侯，拄着拐杖，两鬓都是白发，他的手微微颤抖着，问陈创人何时回来。陈创人望着前行的道路，叹了一口气，沉默半晌才说：“战争什么时候结束，我就什么时候回来。”何燮侯前半生都不惧离别，也见惯离别，他年轻时就告别父母一个人远洋留学，但随着年岁渐长越发害怕离别，尤其是在这战火连天的岁月。他紧紧握着陈创人的手，声音苍老而颤抖：“我等你回来。”他对共产党人的情谊也是就是在那时结下的，此后他认为每个共产党人都如同陈创人，是可以肝胆相照，生死与共的。

陈创人走后，何燮侯整天在书房研究他留下来的书刊，渐渐地，对中国共产党抗日民族统一战线的政策有了一定的了解，这些都为他日后从隐居书斋转而投入抗日救国的社会实践打下了坚实的基础。

1938 年下半年，消极抗日、积极反共的国民党诸暨县党部特派员左洵及地方劣绅，开始对抗日救亡运动的县抗日自卫委员会成员黄日初、王静安等同志采取暗杀手段。事情曝光后，左洵受到来自社会各方面的谴责，无奈之下，国民党只得将他调往萧山，反共分子县党部的郭肇良奔走于金华、永康、上饶之间，企图通过省党部、第三战区长官公署挽留左洵。何燮侯得知此事后，连夜召集了诸多知名人士如共产党统战对象李士豪等，一起联名打电话到省里，据理力争。他们坚持不懈，不达目的不罢休的意志力让省里不敢留下左洵，最终郭肇良的阴谋无法得逞。

1939 年 2 月，周恩来同志以国民党军委会政治部副部长的身份，从重庆来浙江视察东战场抗日前沿阵地。3 月 31 日一早，已经年逾花甲的何燮侯得悉周恩来同志从绍兴来枫桥的消息，不顾年迈力衰，拄着拐杖在朋友的搀扶下，硬是跑了 10 多里路赶到枫桥镇，随欢迎的人群一起前去迎接周恩来。

何燮侯早就听闻过周恩来，对他爱民如子、勤政清廉的品质十分敬佩，很想一睹风采。周恩来听底下人说起何燮侯，更感动于他以年迈之身远道而来迎接自己。于是在三里店缓步走向枫桥的一段路上，周恩来屏退了其他人，只与何燮侯一人同行，他们边走边谈。何燮侯谈起他与周恩来祖父早就熟识的情况，周恩来有些意外，谦和地笑称他为“老前辈”。一路上两人谈得很亲热，周恩来牵着他的手行走在初春的枫桥乡道上，轻声细语，偶有春风迎面拂来，吹进了何燮侯的心扉。何燮侯深切感受到了共产党近民、亲民、为民的品质，他的眼睛饱含着泪水，他说："我看到你们，仿佛才真的看到了中国的阳光，中国的希望。我等了这么久，终于等到你们了。"①

走进欢迎会筹办地枫桥紫薇大庙，何燮侯带领镇上各界人士向周恩来致敬。何燮侯坐在大庙的戏台上，认真聆听了周恩来激动人心的演说，受到了极大的鼓舞，频频落泪。欢迎大会后，何燮侯陪同周恩来在商会共进午餐，周恩来待他亲切得如同久别重逢的故友，席间不仅给他夹菜盛饭，还询问他的身体情况等。之后，周恩来对他坚持抗日的立场表示赞许和认可。周恩来亲切的关心与交谈，更坚定了

枫桥镇紫薇大庙里的戏台，周恩来曾在这里演讲

① 参考中国中共文献研究会周恩来生平研究会:《周恩来于文化建设》，黑龙江人民出版社 2014 年版，第 87 页；浙江省社会科学研究所:《浙江简志之二·浙江人物简志（下）》，浙江人民出版社 1984 年版第 74 页；杨炳、洪昌文主编，浙江省文史研究馆编:《孤山拾零》，中华书局，2005 年版，第 36 页。

何燮侯对革命胜利的信心。

由于时间紧迫，周恩来并未能在枫桥镇久留，他在离开前特意与何燮侯道别，并叮嘱他保重身体，等待新中国到来的那一天。何燮侯备受鼓舞，从此便更加义无反顾地支持、追随共产党，坚定积极抗日的决心。

在与众多共产党员接触后，何燮侯已在共产党队伍中有了小名气。在朋友的牵线下，他与新四军浙东纵队领导人谭启龙、何克希及地下党负责人杨思一、马青、陈雨笠、王平夷等有了联系。

当时的花明泉村地处五鹭山脉的边缘，人多地少，贫穷落后，虽然群众条件良好，但村民的生活条件很差。新四军部队执行任务时经过村中不下数十次，每次都会在村里小住或者休息，每个经过花明泉村的各级领导同志总要到何燮侯家中畅谈。何燮侯家中虽不富裕，但每次碰到吃饭时都会热情地留下他们一同进餐，并拿出家中所有菜肴招待他们，与他们甚为亲密。

1942 年 5 月，日寇发动了浙赣路战役，几十万国民党军队闻风溃逃，浙江广大地区沦于敌手，诸暨沦陷。

浙江人民在中国共产党的领导下奋起武装自卫，诸暨、义乌、绍兴等县先后建立了人民抗日自卫队，为加强这些人民武装力量的领导，共产党又组织了一支“南进支队”，并建立了以诸暨枫桥为中心的金萧地区抗日游击根据地。当时正避居乡间的何燮侯对共产党领导人民拿起武器，保家卫国，积极抗日的行动给予了极大的同情和支持，他激情昂扬地在枫桥宣传共产党员积极抗日的行为，为共产党打下了良好的群众基础。何燮侯在当地人民群众中特别是各界上层人士中，有着很高的威信，他的言论和行动对当时的斗争起到了很重要的作用。

同年六月，新四军淞沪游击队三支队二大队从四明山南迁到诸暨开辟新的抗日根据地，支队长付华键、大队长蔡正谊、大队副黄明等同志一到枫桥，何燮侯就主动与他们建立了密切的联系，为他们提供便利。他刚直的性格和爱国爱民的热情，给他们留下了深刻的印象。

黄明同志回忆："何老先生是一个坚决抗日、同情我党的开明人士，为人耿直正派、刚直不阿，在诸暨一带很有名望。在国民党顽固派咒骂我军是'奸党''叛军'时，他却公开说八路好，新四军好，说只有共产党才是真正抗日爱民救国的。那时候，我们为了避免刺激国民党顽固派，还处处注意灰色隐蔽，而何老先生却敢于仗义执言。由于他的身份——大家都知道他不是共产党员——所以他的话比我们自己说更有力，更有影响。"①

还有一次，大队长蔡正谊在枫桥召开群众大会，考虑到何燮侯年老体弱就没有通知他。当时，何燮侯住在枫桥的育婴堂内，有人告诉他共产党正在开大会。何燮侯忽然发问："抗日救国的会，为啥不通知我？"大会主持人知道后赶快派人请他来参加。当时何燮侯因为年老，身体已经每况日下，出门都要拐杖，但他只要听到有关于共产党的事情，就急匆匆地赶去，可见他积极抗日、爱国救民的热忱。

为了抗日部队和诸北人民的安全，何燮侯还曾与国民党顽固派周旋。

当时有一支抗日部队为诸北八乡联队，主要是由下北四乡联队和上北四乡联队合并而成的。上北四乡联队蒋鹏部的人员中，有一部分是国民党奋勇队吴万邦大队携械逃跑的官兵，这些人后来也被并入了八乡联队。八乡联队去四明山后，奋勇队副指挥员何卓权以讨还吴万邦大队官兵枪支为借口，企图前往北乡扫荡。奋勇队一旦到达北乡，

① 选自《何燮侯（燏时）先生传》。

北乡人民将遭受战火之苦。千钧一发之际，有人找到了何燮侯，希望能由他出面解决这个难题，免人民于苦难。

为妥善解决此事，何燮侯到小东找翁国华（曾任国民党少将）寻求帮忙，之后又在相关友人陪同下到枫桥骆全友家调处。商谈的结果是由北乡出钱赔偿枪支。何燮侯一路的奔波使诸北人民避免了一场灾难，但他因为连日奔波，不堪劳累，最终病倒在家。

何燮侯当时已经 65 岁，是白发苍苍的老人了，但他全然不顾自己年迈体弱，终日驱驰于险岭穷谷之间，积极参加抗日活动。不论哪里有需要，他都来者不拒，风雨无阻地前去施以援手。他虽已到花甲之年，却有一颗年轻火热的心。

当时驻守枫桥的汪伪独立第四旅旅长蔡廉为了扩大自己的势力，到处招兵买马，他看中何燮侯在当地群众中的声望，很想拉他出去做事，他三次登门，都遭到了何燮侯的果断拒绝。

蔡廉一计不成，又生一计，妄图采取抓捕的办法迫使何燮侯就范。幸而何燮侯得到了表侄的及时通知，躲避进深山才幸免于难。当时的中共诸暨县委书记、“小三八”部队领导人朱学勉同志了解此事后，当面对他进行了热情的赞扬和肯定。何燮侯也赢得了共产党员的尊重。

1943 年，为了迎接新四军浙西部队南下，浙东游击纵队政委谭启龙同志率部先到达诸暨枫桥。经友人杨思一同志的安排，谭启龙在枫桥镇附近的坛凹村与何燮侯晤面。此次会晤中，何燮侯畅谈了自己从清末到民国时期的经历及他信奉马列主义的过程，他十分愤慨国民党的腐败无能，对共产党在艰难困苦的条件下，仍然能高举抗日旗帜、坚持抗战，表示十分赞赏与支持。谭启龙同志告诉他中共决定在四明山的梁弄镇召开浙东各界人民代表会议，成立浙东敌后临时参议会，想邀请他参加此次会议。何燮侯十分高兴地答应下来。

1943 年 12 月，金萧支队成立后，何燮侯经常与支队政委杨思一、支队诸暨办事处主任马青等联系。部队一到枫桥，何燮侯就带人前去欢迎接待，让部队深切体会到军民一家亲的感觉。后来有人用“即来吾村,嗣后来吾村打尖者，不下数十次，视同家人”来形容当时花明泉村军民融洽的场景。

面对国民党顽固派时，何燮侯不畏权势，仗义执言。他发现国民党东启乡长滥派款项米粮以致民怨沸腾，便立即向国民党县长祝更生进言：“非予改组，则不足以平民愤。”他还向国民党县党部汇报室秘书楼逸民宣传共产党的奋斗精神，他说：“我这次到他们那边去，看见伙夫也在看书，这种进取及学习精神，是值得佩服的。”

1945 年 1 月 21 日，浙东敌后各界人民代表会议于正蒙学堂（位于梁弄镇东北）隆重举行，何燮侯不顾年过花甲、体弱带病，长途跋涉，通过国民党军、地伪军的重重封锁，渡过曹娥江，一路跋山涉水，越过重重险，终于来到梁弄镇出席了本次会议。会议领导人亲自在门口迎接他，给予他莫大的欢欣与鼓舞。

临行时，何燮侯的子女担心他身体，坚决不同意他跑这么远的路参加会议，他气得直跺脚：“谁也不能阻止我，千山万水我也一定要去！”此时的他像极了那个远赴日本的年轻人，这么多年过去了，他坚韧刚直的性情始终没有改变。妻子儿女拗不过他，又因家中有事不能相陪，只得找人陪他一起前往才算安心。

此次会议从 1945 年 1 月 21 日开幕至 31 日结束，何燮侯在会议上慷慨激扬地揭露国民党消极抗战、积极反共的错误政策，他坚决拥护共产党坚持抗战、反对投降，坚持团结、反对分裂，坚持进步、反对倒退。这次会议是浙东历史上第一次具有真正民主意义的大会，是浙东抗日政权建设的重要里程碑，亦是动员浙东人民争取抗战最后胜利的誓师大会。在这次会议上，何燮侯当选为参议会副议长，会后还被推举代表浙东抗日根据地人民前往延安汇报。[①]遗憾的是，后来因交通不便，加上何燮侯身患重疾不能成行，他写信给共产党人谭启龙致歉，内心充满了遗憾。

之后，在新四军游击队同志的保护下，何燮侯负责倡导附近各县的宣传活动，他们宣传抗日，动员民众，并对国民党官员进行统战工作。他还曾和当时国民党枫桥区的区长祝更生长秘密交谈过几次，后来祝更生调任诸暨县长，在浙江丽水反正，参加了革命，这与何燮侯的多次苦心劝诫是分不开的。他听闻祝更生参加革命后，第一时间写信前去祝贺慰问。

白发苍苍、蹒跚驼背的何燮侯曾两次参加浙东各界人民代表会议，他的爱国精神、进步思想和为抗战所做出的贡献都给所有与会的人留下了深刻的印象。他虽然不是共产党人，却如共产党人一样凭借一己之身为抗日救国做出了贡献。

① 浙江省政协文史资料委员会：《浙江文史资料 第66辑 风雨同舟五十年：政协浙江省委员会历史回顾》，浙江人民出版社1999年版，第529页。

九、锒铛入狱不变心

何燮侯坚定不移地追随共产党，积极抗日，大力宣扬中共思想。渐渐地，何燮侯在支持共产党、抗日救国的道路上越走越远。他从一个“苏联迷”“马列迷”上升为“共产迷”。因为他知道，马列主义只能给他理论，而共产党人却能带领全国人民披荆斩棘真正走出一条阳光大道来。

几年来，他一边暗自与共产党人密切联系，给予支持；一边又大力宣传共产主义的思想主张。他的种种行为早就被国民党特务机关盯上，他们开始追踪何燮侯，搜集证据。

年近七旬的何燮侯不幸遭遇了两次入狱，承受非人的折磨，但从未磨灭意志，追随共产党员的决心矢志不渝。

1945 年 8 月，日本战败投降，浙东游击纵队奉命北上。这时何燮侯正在上虞开会，原定要何燮侯等同志代表浙东人民到延安去开会的计划被迫暂时中止。中共领导考虑到何燮侯的年岁太大，如果随军行动，恐怕受不了路途劳累，便劝他暂时回诸暨老家休养。可是还没等他回到家里，国民党县党部派出的特务就已经悄悄跟上了他。

何燮侯从上虞回来，途经路边的一个小茶摊。因临时想去看望一位同乡好友，便放慢了回程的脚步。何燮侯坐在茶摊上饮茶歇脚时，偶遇到一位同县人，两人交谈甚欢，当何燮侯说出自己的名字时，对方更是诧异，表示一直听闻过他的名字，却不曾谋面。两人越谈越兴起，何燮侯又谈论起共产党在抗日过程中所做出的贡献，并痛斥了国民党的恶行。因为尽兴全然没有意识到危险正在一步步逼近。

从他在茶摊落座之后，几个头戴黑帽，身着黑衣的魁梧男子就一直坐在不远处监视他，当听到他支持共产党、宣扬共产主义的言论时便偷偷上前，一把捂住他的口鼻往停在路边的一辆小车上拖。同乡人跑上前欲制止，黑衣人竟然掏出枪支相威胁。事发突然，对方又人多势众，无奈之下，同乡人只得赶紧躲进一边的茶室里，直到汽车声渐渐远去，他才敢探出头来。刚才惊险的一幕让他魂魄未定，等他回过神来才意识到黑衣人就是国民党的特务，于是匆匆回到诸暨县将何燮侯被劫持的消息告知他的家人。

何燮侯的妻子听到此事，吓得立刻昏厥过去，他的子女也慌了神。何燮侯被捕的消息一出，立即引起了众多好友的关注，并在诸暨县扩散开去，引起一片哗然。诸多好友纷纷自发聚集到他家里出谋划策。

与此同时，年近七十的何燮侯被挟持着关进监狱，他本就年迈，身体早已不支，被特务分子一路拖来身体已经垮了。特务为了让他招供，不仅不给他饭吃、不给他水喝，还经常半夜提审，想以此击垮他的意志力。何燮侯凭借一丝信念支撑着自己的身体，他双手紧紧抓在铁栏杆上，大声地斥责道：“中国的黎明是属于共产党的，而不是你们这些宵小鼠辈！无论你们用什么卑劣的手段，我都不会妥协！”特务们闻言又气又恼，便开始对他施以酷刑。

何燮侯紧咬着牙，始终不曾吭声。阴冷黑暗的牢房，关不住他的一颗赤心。特务见他实在体力不支，也担心他受刑过度，就将他扔在牢房里不予理会。何燮侯奄奄一息地躺在冰凉的地砖上，蟑螂和老鼠不断地在他的身边窜来窜去，身上的衣服早就已经湿透，不知道是血液还是汗水。

他用尽全力也无法支撑自己坐起来，这暗无天日的牢房，就像当时的中国，仿佛看不到光明，但又仿佛光明随时会到来。

何燮侯从未想到自己到这把年纪还会遭遇牢狱之灾，但他并不后悔自己的行为。有热乎乎的鲜血从额头流下来，浸染了他的白发，顺着他的双臂滴落在地上。他不知道自己能否安全出狱，是否还有重见光明的一天，他轻轻将地上的稻草秆拨开，颤抖着手在地砖上写下了几个血红的大字：共产党必胜。

几个日夜里，无论特务分子如何拷打折磨，何燮侯都如泰山般不动摇。随着体力渐渐消耗，他甚至觉得自己出现了幻觉，恍惚间回到父亲临终时的病床前，父亲的手如枯枝般干瘪无力，却紧紧抓着他的手，中风的父亲已经说不出话来，嘴唇微微翕动，但何燮侯却明白父亲的意思，俯在父亲耳边轻声道："父亲，您放心吧。您对我的教导，我会铭记一生，做一个正直勇敢、善良忠诚的人！"他想就算自己这次逃不过这关，面对父亲时也能心怀不愧，因为对父亲的承诺他做到了！

特务分子没想到这样一位满头白发的老人竟有如此坚忍不拔的意志力，还想着用其他手段逼他就范。

所幸何燮侯的老友周志豪（曾任浙江法政专门学校校长）辗转知道此事后，通过多方关系疏通，救他脱离险境。

此事一出，何燮侯自知在诸暨家乡已经不能存身了，便携夫人一起避到杭州。这时诸暨县党部已经将情况密报到省党部。何燮侯挽着夫人刚下火车，就被省保安司令派人绑入狱，并交秘密法庭审讯。

何燮侯的夫人与何燮侯情深意切，她眼看着自己的丈夫被凶神恶煞的特务分子持枪绑走，自己却无计可施，加上受到惊吓，被人带回家后就病倒在床上久久不能起身。

国民党决定在秘密法庭审讯何燮侯，给他安置罪名并处决他。这时有个知情的牢头曾受过何燮侯恩情，便趁无人时偷偷到何燮侯狱中劝诫他："国民党想经过秘密法庭审讯处决您，何先生千万不要争一时之气，留得青山在，不怕没柴烧。待开庭那日，您可千万不要承认，咱先保命要紧，不要中了他们的奸计啊。"

等到上庭那日，何燮侯身着长袍直身站在法庭上，仍然一身正气，不为所动。他仰起头，花白的胡子不停抖动着，在一众国民党反动派面前侃侃而谈共产主义，大讲抗日无罪、救国有功，他直言："金萧支队好，秋毫无犯，爱护百姓，国民党远不及他们。"他不屈不挠的精神感动了在场的一些人，有人站起来为他鼓掌呐喊，也有人在底下大喊"释放何先生"。

当时何燮侯的子女均在内地工作或求学，不在身边，消息传开后，他的亲友闻讯多方进行营救。他的长婿张启华、三女逸娟等分别请何竞武、许寿裳等知名学者、人士发电报给蒋鼎文及陈仪两位将军，由他们电请国民党浙江省主席黄少竑及战区司令顾祝同下令释放何燮侯，大意说何燮侯是一位学者，只是研究共产主义学说而已，况且拘押一位年近古稀的知名人士影响不佳，请尽快释放。何燮侯的老友邵力子、翁文灏等闻讯也致电呼吁宽释，浙江友人斯夔磐、陈季侃、周子豪等也都参与此次营救。这件事情影响越来越大，参与人群也越来越多，除了何燮侯自己的亲朋好友之外，国内社会各界进步人士也都出来为何燮侯发声，甚至连报纸上也刊登了国民党私下羁押古稀老人的消息。有关当局在重重压力下只好先释放何燮侯，但同时也提出释放条件，要何燮侯保证今后不再宣传共产主义。何燮侯当然不肯接受，直接抗言道："释放不释放听便，从此不谈共产主义做不到！"简短的一句话表现了他铮铮铁骨、威武不屈的气节。最后经过友人的多方营救，何燮侯终得获释。出狱那天，牢房门口聚集了许多人迎接他回家，这些人是他的同胞，是他的知己，亦是他的恩人。

出狱后，何燮侯的面容瞬间苍老了许多，但精神仍很矍铄。两次牢狱之灾并没有磨灭何燮侯坚持共产主义、追随共产党，反对国民党的信念。因为他不愿屈服，又常常在公开场合宣传共产主义，当局只准他留居杭州一带，不许过钱塘江以南，何燮侯和妻子只得定居在余杭。

国民党虽然释放了何燮侯，但对他并没有放下戒心。解放战争时期，国民党余杭县党部对何燮侯展开了重重监视，但何燮侯仍不惧与中共地下党组织联系，只是为了保护地下党组织，他的行动更加缜密小心。但只要中共一声需要，何燮侯总是倾心相付。

1946 年，何燮侯的女儿幼娟从重庆回来，送了一包人参给体弱多病的何燮侯补养，当时有位新四军的黄大队长刚从狱中释放出来，急需川资前往解放区，曾来找何燮侯帮忙。但何燮侯室无长物，家中值钱的器物已经早就被变卖完，他看到女儿带来的人参，便将人参卖掉资助了这位干部。

解放战争后期，国民党军队土崩瓦解，蒋介石政权早就做好了逃遁台湾的准备。何燮侯的长婿张启华是一个电机工程师，时任南京国民党联勤总部电信机械厂总厂厂长，他曾接到命令要将工厂迁往台湾。何燮侯知道后，对张启华进行剀切教导，让他设法拖延迁厂的准备工作，想办法将工厂留在内地。后来由于解放军的迅速进军，加上张启华的故意拖延，电信总厂及分厂的人员与设备大部分得以保存，张启华本人也于临近解放时避居上海，未去台湾。

回想起两次牢狱之灾，何燮侯自己也不知道是什么支撑着他挺过那些黑暗的日子，他以血肉之躯受尽折磨，却从未想过放弃，想过妥协。这样一位本该享受天伦之乐的老人，两次被挟持、被迫害、被审讯的经历，丝毫没有打击到他拥护共产党、追随共产党的决心。他的身上始终流着一股铿锵的热血，那是为新中国而流，为全国人民而流的。

十、迎接胜利频添力

1945 年 8 月 15 日，日本无条件投降，宣示着抗日战争取得了胜利。中国人民抗日战争，是中华民族历史上最伟大的卫国战争，是中国人民反抗日本帝国主义侵略的正义战争，是世界反法西斯战争的重要组成部分，也是中国近代抗击外敌入侵以来第一次取得完全胜利的民族解放战争。多年抗战，战火硝烟遍及中华大地，无数中华儿女遭受伤害。在抗战时期，何燮侯始终坚定中国共产党的立场，用自己年迈之躯为抗战奉献自己的一份力量。当他听到日本战败投降的消息时，竟如一个孩童般喜极而泣，跳起来鼓掌道：“我们终于胜利了！中国人民万岁！”

抗战胜利后，何燮侯一直蛰居余杭，他与妻子居住的是租赁的仅十来平方的斗室两间，室内放一床一桌，几张椅子外就没有余地，真正是一置椽陋舍，而何燮侯天天读书其中，处之泰然。抗战胜利后的日子平静安宁，他与妻子每天粗食布衣，生活清贫如水却也怡然自得，岁月静好，现世安稳，动荡了大半辈子，他终于能静下来陪着妻子笑看云卷云舒，花开花落。

好消息如春日柳絮般却不断从报纸、广播上传来。

1949 年 4 月，中国人民解放军横渡长江，解放了南京，这基本宣告了国民党统治的覆灭。这个消息让何燮侯振奋不已，他激动地流下眼泪，为共产党胜利而落泪，也为新中国即将崛起而落泪。他知道自己的选择没有错，这些年所遭受的委屈与苦难也都值得。

1949 年 5 月，杭州解放，何燮侯受到了中国共产党和中央人民政府的优礼尊重。同年 9 月，他作为特别邀请代表，拖着年迈体弱的身体，不辞千里，一路奔波赶到北京参加了中国人民政治协商会议第一届全体会议。此次会议代行全国人民代表大会的职权，代表了全国人民的意志，宣告中华人民共和国的成立，发挥了重要的历史作用。

在会上，何燮侯和黄琪翔、张难先等 16 位代表提出“请以中国人民政治协商会议第一届全体会议名义电告联合国大会，郑重声明否认国民党反动政府”的提案。

之后，何燮侯还当选为中国人民政协第一届全国委员会委员。中国人民政治协商会议第一届全体会议标志着中国爱国统一战线和全国人民革命大团结在组织上最终形成，标志着中国共产党领导的多党合作和政治协商制度的主要

中国人民政协第一届全国委员会委员合影，右四为何燮侯

机构从此产生，它更成为中华人民共和国成立的奠基。可以说，何爕侯见证了中华人民共和国的诞生，如同一位接生医生般，看着新生儿呱呱坠地。回望之前一步步走来的泥泞道路，他看着共产党在战火连天的旧社会中浴血奋战，百折不挠，知道建立社会主义制度新中国是何等不易。[①]

1949 年 10 月 1 日下午 3 时，中华人民共和国开国大典在天安门城楼上举行。何爕侯受邀登上城楼参加此次典礼。人民领袖毛泽东庄严宣布：“同胞们，中华人民共和国中央人民政府在今天成立了！”接着他亲手按动电钮，第一面五星红旗在天安门广场上冉冉升起。[②]

此时的何爕侯已经

106

第二十八章
浙江省政协组织
（1950.8—“文革”初期）

第一节　浙江省各界人代会协商委员会
（1950.8—1955.2）

一、浙江省各界人民代表会议第一届协商委员会（1950.8—1952.12）

1950 年 8 月 1 日至 7 日，浙江省第一届各界人民代表会议在杭州召开。出席会议的代表有各民族、各民主阶级、各民主党派、各人民团体、国外华侨和其他爱国民主人士共 485 名。省人民政府主席谭震林作《浙江省人民政府一年来工作概况及今后一年的工作任务》的报告，省委副书记谭启龙作《为有步骤、有秩序地完成全省土地改革任务而奋斗》的报告，省财经委员会主任张劲夫作财经工作的报告。会议通过《浙江省第一届各界人民代表会议协商委员会组织简则（草案）》等，选出浙江省第一届协商委员会委员 53 名和主席 1 名、副主席 4 名、秘书长 1 名。

主　席　谭震林（1950.8—1952.12）
副主席　谭启龙（1950.8—1952.12）
吴　宪（1950.8—1952.12）
何爕侯（1950.8—1952.12）
汤元炳（1950.8—1952.12）

二、浙江省各界人民代表会议第二届协商委员会（1952.12—1955.2）

1952 年 12 月 18 日至 25 日，浙江省第二届第一次各界人民代表会议在

第二十八章　浙江省政协组织　107

杭州召开，到会代表 751 名，省人民政府主席谭启龙作《浙江省人民政府关于过去工作情况及今后工作任务》的报告，会议选出浙江省第二届协商委员会委员 65 名、主席 1 名、副主席 4 名、秘书长 1 名。

主　席　谭启龙（1952.12—1955.2）
副主席　江　华（1952.12—1955.2）
何爕侯（1952.12—1955.2）
林　枫（1952.12—1954.6）
汤元炳（1952.12—1955.2）

第二节　政协浙江省委（1955.2—“文革”初期）

一、中国人民政治协商会议浙江省第一届委员会（1955.2—1958.10）

1955 年 2 月 22 日至 26 日，中国人民政治协商会议浙江省第一届委员会第一次会议在杭州召开，出席会议的委员 155 名。会议听取全国政协委员会委员唐贯泽作中国人民政治协商会议第二届全国委员会第一次全体会议的传达报告，省协商委员会副主席汤元炳作关于浙江省各界人民代表会议协商委员会工作报告。会议选出政协浙江省第一届委员会主席 1 名、副主席 6 名、常务委员 32 名、秘书长 1 名。1956 年 4 月，政协浙江省一届二次会议增补常务委员 5 名。1957 年 5 月，政协浙江省一届三次会议增补常务委员 7 名。

主　席　江　华（1955.2—1958.10）
副主席　杨思一（1955.2—1957.12）
何爕侯（1955.2—1958.10）
林　枫（1955.2—1958.10）
宋云彬（1955.2—1957.12）
汤元炳（1955.2—1958.10）
余纪一（1955.2—1958.10）

二、中国人民政治协商会议浙江省第二届委员会（1958.10—1964.9）

1958 年 10 月 27 日至 11 月 2 日，政协浙江省第二届第一次会议在杭州召开，出席会议的委员 289 名。会议听取中共浙江省委第一书记、政协浙江省第一届委员会主席江华作的政治报告，省政协副主席汤元炳作的政协浙江省

中国共产党组织史资料

①② 浙江省社会科学研究所：《浙江简志之二·浙江人物简志（下）》，浙江人民出版社 1984 年版，第 74 页。

71 岁高龄，都说人生七十古来稀，他在古稀之年看到他深爱的祖国如初升朝阳，缓缓在中华大地上升起，全身的血液无声沸腾起来。他戴着眼镜，眼睛微微眯起来，望向鲜红的国旗，拄着拐杖的手控制不住地抖动起来。这是他爱了一辈子的祖国，心心念念的祖国，他的祖国结束了一百多年来被侵略、被奴役的屈辱历史，真正成了独立自主的国家。受苦受难的中国人民从此站起来了，成为国家的主人。

风吹乱了他的白发，他从少年时期就期望着中国人民能翻身，结束封建专制统治，实现平等、民主、自由的政治体制。这一天虽然来得晚，但他终究还是等到了！

之后，何燮侯还历任了中央人民政府监察委员会委员，第一、二届全国人民代表大会代表，华东军政委员会委员，中国人民政协历届全国委员会委员，浙江省政协副主席，杭州市救济委员会主任，浙江省人民政府委员，民革中央委员，浙江省委员会主任委员，等等要职。①

何燮侯虽然没有在国民党政府中做过事，但是在国民党元老及上层人士中有不少亲朋故旧，他素来念旧，仍与他们保持着书信联系。

1950 年 4 月，何燮侯接受了中国国民党革命委员会（以下简称民革）的委托，担任民革浙江省分部筹备委员会的召集人。受命后，何燮侯又开始忙碌着人员、组织等的筹备召集工作。有好友担心他身体吃不消，就劝他多休息，但他凡事皆亲力亲为，没有因自己年迈而有一丝懈怠。在他和众多同事的努力下，1954 年 9 月民革浙江省委员会正式成立，何燮侯当选为第一任主任委员。民革浙江省委员

① 中共中央组织部、中共中央党史研究室、中共档案馆：《中国共产党组织史资料附卷 3 中国人民政治协商会议组织（1949.10—1997.9）》，中共党史出版社 2000 年版，第 106—107 页。

会是隶属于民革中央的省级组织，何燮侯作为第一任民革浙江省委员会主任委员，始终坚持接受中共浙江省委和民革中央的正确领导，努力加强自身建设，积极履行参政议政、民主监督职能。

中华人民共和国成立初期，何燮侯虽然身兼三职，但以华东军政委员会的工作为主，主要监管华东区监察工作并参加浙江省人民政府主要会议。当时何燮侯与妻子住在上海及杭州。

等大区军政委员会撤销后，何燮侯又移居北京，从事中央监察委员会的工作。后来因腿疾行动不便，他的妻子又因为胃瘤开刀后身体虚弱，终于在1955年回到杭州。这时何燮侯才任浙江省政协副主席及浙江省人民政府委员，负责浙江省民革的工作。他和妻子从来没有定所，工作到哪里就将家安在哪里。有好友提出想资助他买房，被他一口回绝："我们身无赘物，搬家也很方便。有地方容身就好，国内还有许多老百姓流离失所呢。"

何燮侯虽然已经高龄，但工作态度积极负责，一丝不苟，表现了高度的革命责任感。他在老知识分子和原国民党人士中宣传社会主义制度的优越性，解释方针政策，使他们放下心理包袱，向共产党靠拢，跟共产党走社会主义道路，所以他在统战方面做出了不小的贡献。

何燮侯性格豪爽耿直，诤言谠论，敢于直言，曾积极支持邵力子、马寅初等提出的关于节制生育的意见，同时主张移民殖边，解决地广人稀与人多地狭的矛盾；他为反右派的严重扩大化感到痛惜，认为许多有真才实学的人被摧残了，对沙文汉、杨思一等同志的错误处理，表示了不赞成的态度；他对于违反经济规律的"大跃进"和1959年的反右倾运动直言不讳地表达自己的相反意见，体现了他对中国共产党"肝胆相照，荣辱与共"的精神。

何燮侯在探索光明34年之后，以71岁的高龄终于迎来了中华人民共和国的诞生，备感欢欣。中华人民共和国成立后，针对国内因战争导致的经济萧条的现状，他致力国计民生的富强繁荣，以发展国内经济民生为首要任务。何燮侯极力主张利用江南的有利条件，发展丝绸等工业，鼓励农民种桑养蚕，促进工农业一同发展。

何燮侯还曾不辞辛劳地几次到中国土特产公司了解各地丝绸发展情况和国际市场信息，并亲自到浙江省各农村进行实地考察和宣传。他在诸暨县发现某些地区有砍伐桑树的情况，表示深感痛惜，便立即向县长严肃提出，要求采取措施迅速制止，进行整改；何燮侯看到我国人口分布不均的情况比较突出，便提出移民垦荒的办法，以此解决东南地区人口密集、土地不够分配的矛盾，同时也能使地广人稀的大片地区的资源得到合理开发；他在20世纪50年代初期就深刻体会到人口问题的严重性，他和邵力子先生经常讨论这个问题，并在会

北京大學的第一任校長何燮侯先生

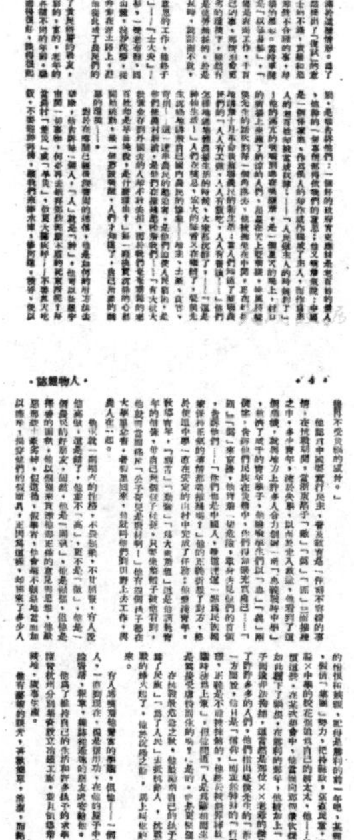

关于何燮侯的文字报道

上发言指出人口不加以控制听其自然发展的危害性。当时他是少数主张“节制生育”的人士之一，具有时代的前瞻性……何燮侯在每个岗位上都发挥出自己的作用，散发光芒。有亲戚知道他身居高位，身兼要职，便前来祝贺他：“终于可以一展抱负，也为何家争光了。”但何燮侯却不以为然，他回答：“我是一个工作者，无论身处哪一个岗位职务，都只是人民的公仆，一个服务人员，从未改变。”

他是这样说的，也是这样做的。从筹办京师大学堂到中华人民共和国成立，他有太多机会可以投机取巧、贪污腐败，但他始终保持清廉公正的姿态，两袖清风，甚至没有自己的积蓄，除了老家花明泉村的房子外，再无私宅。他子女众多，但每一个都凭自己的实力谋求工作职位，何燮侯从不动用自己的关系为他们打点安排。

何燮侯身为一个辛亥革命前的高级知识分子，早在 20 世纪 20 年代就信仰马列主义，中华人民共和国成立以后我国经济迅速发展，国际威信日益提高，人民生活水平也逐渐提升。他在 1949 年 8 月撰写的自传中写道：“自问年老力衰，于国家，于民众，不能多所贡献，深自惭愧，唯一希望，得见我中华伟大之民族日益发展，成为保护世界人类和平之一的大支柱，是所愿也。”充分体现了他质朴的爱国爱民之心。

宋代大诗人陆游在临终时写的诗句：“王师北定中原日，家祭无忘告乃翁。”再对照何燮侯留下来的这段话，不由触动心弦，潸然泪下。每个时代都有闪光的人物，何燮侯是一介平民，出身清贫，很容易被历史的洪流所吞没。他凭借自己微弱单薄的身体，硬是撑起了一片蓝天。他有着常人不可及的信念，一次次的失败碰壁、陷害暗算都不能让这个瘦削的男人弯腰。他就像一盏油灯，为他深爱的祖国人民默默无私地点燃了一辈子。

十一、因病离世悲痛怀

1961 年 4 月 17 日，何燮侯因为偶染风寒，引起了心脏病，当天就住进了浙江医院。在医院后没几天又并发肺炎等，这些都是他多年来积劳成疾的后果。

4 月 21 日注定是一个悲痛的日子。在妻子儿女、几位好友的陪护下，何燮侯还是抵御不了来势汹汹的病痛，于中午 12 时撒手人寰，溘然长逝，享年 83 岁。闭眼前，他的眼睛一直望向家乡的方向，那是他的出生之地，亦是魂归之处。

1961年4月21日，何燮侯与世长辞

许是早就预感到自己将不久于人世，入院前不久，他就用铅笔写了一张遗嘱藏在书桌抽屉里，妻子边哭泣边断断续续念他的遗嘱：

一、火葬，仅穿一长衫，或新制一身白布斜领长衫，长过两脚，以绳缚之，不必穿袜矣。

二、骨灰能散置海宁钱塘江边最好，否则携归埋于先茔旁边。

三、身后遗物由阿五召集兄弟姊妹公分，穷者多得。

四、孙子女、外孙子女中有能力者应各家同力尽量培植之。为国家培育英才，为社会培植劳工。

五、宗族戚友中之贫乏者，如其人非反革命，不问其阶级出身，力所能及应尽力救济之。应以善恶是非为准则，不问阶级，盖地主等阶级早已经消灭，不使子孙永袭也。[1]

燮侯先生部分家属

① 选自《何燮侯（燏时）先生传》。

部分家属和亲属

在场的人无不动容。简短的一份遗嘱充分体现了何燮侯的胸怀与主张，他一如既往地表现了勤俭朴实、公正无私、具有独立见地的品格，谆谆嘱咐家人注意培育人才和帮助穷困者。这也是最“贫穷”的一份遗嘱，通篇没有一字涉及金钱房产，何燮侯在官场数年，却没有金钱财物遗留下来，他留给子女的是一种精神、一种品质。

1961年正当国内困难时期，乡下多有缺粮食衣物的，何燮侯临终时念念不忘此事，所以才有了第五条嘱咐。

何燮侯的原配潘夫人，因病早逝，后来他又续娶胡姓女子，他的子女众多。何燮侯和胡夫人对子女爱而不溺，严而不苛，主要培养孩子奋发努力的自觉性，以身作则地培养他们正直处世、仁厚待人、好学上进、诚实做人、勤俭持家的家风。何燮侯经常会说起自己的父亲，他幼年深受父亲影响，很想把一代家风传承下去。

何燮侯重视科学技术，他希望儿孙都能成为技术人才，为国效力。但是巨额的教育费用却难以负担，尤其是抗战后家境越发困难。何燮侯便召集家中子女，提出两个解决办法：一是以大带小，兄姐毕业后资助弟妹上学；第二条则是个人努力奋斗，以良好的成绩考取学费。换言之，如果个人成绩不优，则失去就学的机会。

在何燮侯与胡夫人的精心培养下，他的六个儿子分别成为土木工程、农业科学、机械、炼钢、铁道工程等方面的高级科技人员。而何燮侯的孙辈中尽管有的被“文化大革命”耽误了，但仍有三十多人接受高等教育，大都成为理、工科方面的技术人才，在科研、教育、工业、医疗等各条战线上都尽心工作，为民付出。他在美国的四个外孙也已经成为大学教授和研究人员。

何燮侯一家四代，没有一个是浪荡顽劣、走上邪路的不肖子孙。这与何燮侯的教育和他留下的优良传统有着亲密的关系，就如同当年何蒙孙老先生对他的教育一样。为了爱子的前途发展，何燮侯一直殚精竭虑，还曾致信许寿裳，原信如下：

季茀吾兄惠鉴：

别来几载，殊难记忆，世事沧桑，无从说起，祇待容后再谈。小儿荣汾今年毕业中大，以该校金善宝教授之介绍来台服务，渠总算有一技之长、技士等职当可胜任。吾兄有便，乞为介绍于公侠学兄，俾其得有所领教，并为弟致意，至弟近状，小儿当能面述，弟对中华民族将来仍抱乐观，盖以其为优秀伟大，决不至没落也，士毅夫妇勤慎奉职，颇能安贫而乐，亦现社会中不易多见者也，专肃顺颂

道绥。

弟　何燮侯　顿首

九月六日

燮侯先生夫妇及部分家属成员（1950年于杭州）

燮侯先生及部分亲属（1953年）

燮侯先生在国外的家族成员（1986年干美国圣地亚哥）

信虽短，但足见何燮侯的舐犊情深，信中更直言他对中华民族复兴之望。一颗爱国的热忱之心跃然纸上，令人动容。

何燮侯与胡夫人不同于一般家长将子女圈在身边，他放任子女天南地北，四海翱翔。到第三代更是遍布全国，就像随风飞扬的蒲公英种子，到处落地生根。由于子女天各一方，何燮侯生前从来没有全家团聚过，即使在他临终时也没有都聚在身边，尽送终之礼。

何燮侯一生广交挚友，加上他又待人真诚，倾囊相付，所以前来送别的人涉及社会各阶层。何燮侯交友并无贵贱高低之分，如遇朋友困境必全力相助。詹之亮就曾受过他的帮助。詹之亮字大有，又名乃武。诸暨中学第一期毕业生，毕业后从事教育事业。平生酷爱艺术，精于书法篆刻，藏书4000余卷，有“上北藏书巨擘”之称。他与何燮侯曾于大东学堂共事。詹之亮家境艰苦，何燮侯还曾赠予他30元钱，帮助他渡过难关。詹之亮后致信何燮侯云：“顷由语师自杭归来，藉悉道履清嘉，佳想安著，为无量颂。并惠赐钞币卅元，盛愧交并，侄自前年与继子分炊，内人去秋病逝，命运多舛，鳏居无依，加之手疯加剧，严冬几不能执笔，以故服务社会，力不从心，钻研故纸，无关实用，翻阅新著，过目即忘，不图举世赡养废弃之时，而大者偏有哀此茕独之赐，足征青年无状，老成人古道可风，谨布谢忱，顺祝寿祺。”

两位老人的深情在信中展现得淋漓尽致。何燮侯总能被人深刻铭记，他身上仿佛有自成一体的东西，此去经年，仍熠熠生辉，亘古不灭。

因为何燮侯留下遗嘱想将自己的遗体撒落在钱塘江畔，所以现在并没有真正意义上的坟墓。何燮侯临死时仍想着当初被迫居于余杭，不得过钱塘江的经历。他希望自己死后，骨灰能远望他的家乡，守护他的祖国。

何燮侯大事记

1878 年 8 月 10 日　何燮侯出生于诸暨县枫桥镇花明泉村。

1893 年　何燮侯师从蒋智由先生习古文，喜读史书及宋儒著作。

1894 年　何燮侯师从赵缵侯先生学数学，并对数学产生浓厚兴趣。

1897 年　浙江维新派人士在杭州建求是书院（浙江大学前身），何燮侯凭其优异的成绩被录取，成为该书院第一届学生。

1898 年 4 月　因遭到父亲反对，何燮侯从家中破窗而出，毅然与钱承志、陈榥、陆世芬等同学一起前往日本求学，成为我国的第一批留日学生之一。

1899 年　何燮侯凭优异成绩考入东京第一高等学校读书。

1902 年　何燮侯从东京第一高等学校顺利毕业，并考进日本帝国大学工科采矿冶金系求学。

1903 年 2 月　何燮侯联合在日的绍兴籍留学生，写了《在留东京绍兴人寄回同乡公函》，寄语绍兴同乡，学习西方先进的民主的思想，重教兴学，等等。第一次与鲁迅先生有交往。

1905年7月　何燮侯从东京帝国大学毕业，获工科学士学位，日本“天皇亲授文凭，中外荣之”。成为中国留学生在日本正规大学毕业第一人。

1906年春　何燮侯从日本学成回国，就任浙江省矿务局技正。

1906年　何燮侯被调任北京任学部专门司主事兼京师大学堂教习。

1907年　何燮侯升员外郎，同时被任命为学堂扩建小组的主要成员，奉命到日本考察大学制度，筹划图书设备及建筑事宜。

1907年　何燮侯从日本考察返国后，就任京师大学堂工科监督（即工学院院长），兼新校舍建筑主任。

1908年　在何燮侯的主持下，京师大学堂德胜门外新校舍开工兴建。

1909年　京师大学堂德胜门外新校舍顺利建成。

1910年2月　京师大学堂正式成立经、法政、文、格致（理科）、工、农、商等7科，京师大学堂开始具备一所真正大学的规模。

1911年10月10日　中国爆发辛亥革命，清政府下令暂时停办京师大学堂，所有人员被迫解散，何燮侯离开京师大学堂。

1912年1月　中华民国成立，何燮侯就任工商部矿政司司长。

1912年5月　京师大学堂改称国立北京大学。

1912年11月　代理总监督马良向比利时银行洽商贷款了40万法郎作为学校经费，并用学校地产作为抵押。学生闻讯后爆发学潮，马良被迫辞职。何燮侯因筹办京师大学堂多年，熟悉大学事务，临危受命接任北京大学校长。

1913年春　在何燮侯的主持下，北京大学初上正轨，开始组织春、秋两季招生。

1913 年夏　何燮侯请求先恢复 1912 年停下来的经、文两个学科校舍的未完成工程，同时使用已竣工的部分新校舍被当局驳回，并被迫将已竣工的部分校舍划归陆军办讲武堂。

1913 年秋天　教育部为减省经费，几次要停办北京大学，欲将之并入天津北洋大学，遭到何燮侯及全校师生反对。

1914 年 1 月　何燮侯因忍受不了官场腐败正式提出辞职，并由胡仁源正式接任北京大学校长。

1914 年　何燮侯嗣奉调四川矿务署署长，因对政治及官场失望，辞不就职。从此息事家园，不问时事者殆逾五年。

1920 年　何燮侯在友人汤哲存等人的帮助下，先后在浙江、福建等地筹办开矿，并参加了长兴煤矿等的开创兴建工作，最终以经营不善告终。

1927 年 2 月　何燮侯与时任枫桥镇党支部书记陈柏树相识，初次接触共产党人。

1931 年前后　何燮侯在家乡枫桥镇集资修建了一条二十余公里长的“枫上”铁路，通客货运输，主要将山货及粮食运到浦阳江船埠，运回日用百货，到抗日战争爆发时铁路被拆除。后因儿女渐长，负担日重，乃向京友筹借资金，与人在余杭县合开锅厂为生，最后也不幸倒闭。

1932 年　“伪满”政府成立，旧友郑孝胥、罗振玉欲请何燮侯出任伪教育部长，并以重金相邀，被何燮侯果断拒绝。

1937 年 7 月 7 日后　抗战爆发后，何燮侯开始积极从事抗日民主活动。

1939 年　周恩来浙江视察，何燮侯前往欢迎，互叙世谊，晤谈甚欢。

1941 年　四明山金萧支队来诸暨打游击，何燮侯遂与金萧支队领导蔡正谊等相识，往来密切。

1945 年 1 月 21 日　何燮侯参加浙东敌后各界人民代表会议，并当选为参议会副议长。

1945 年 8 月　何燮侯因追随共产党，于回家路上被国民党拘捕，经好友营救，始得脱险。之后与夫人避居杭州，不久又被浙江省保安司令部捉拿入狱，并交秘密法庭审讯。经亲友多方活动，当局迫于舆论方予释放。何燮侯出狱后定居余杭。

1949 年 5 月　杭州解放，何燮侯受到中共的优礼尊重。

1949 年 9 月 21 日　何燮侯作为特别邀请人士前往北京参加中国人民政治协商会议第一届全体会议。

1949 年 9 月 30 日　何燮侯被当选为政协第一届全国委员会委员。

1949 年 10 月 1 日　何燮侯登上天安门城楼，观礼开国大典，见证中华人民共和国的诞生。

1961 年 4 月 21 日　何燮侯因感染风寒，引发心脏病、肺炎等，在杭州逝世，享年 83 岁。

后 记

何燮侯天性淡薄名利，本来不参与政治活动，居余杭十余年，几乎没有人知道他的经历，就是他的儿女们也很少听他谈起过去的事迹。他在中华人民共和国成立初所写的自传也十分简洁，许多历史资料包括文件照片等在抗日战争和“文化大革命”两次浩劫中被毁，令人痛惜。所以很多事迹都是从何燮侯旧时好友和亲属的叙述回忆中汇集得来，但仍是支离片段。

燮侯先生一生不为名利所动，不喜自我吹嘘，固然是他的本性；但当时社会黑暗，他不屑于在龌龊的官场中做事，则是主要原因。

何燮侯青年得志，才 34 岁就当上了中国第一所国立大学的校长，只要随波逐流，本来可以一直飞黄腾达下去，而且名扬中外。但他不图富贵，选择了一条坎坷泥泞的道路，屡战屡败，屡败屡战，身体与精神都遭受了一次次重创打击。直到后来找到马列主义这一真理，才算找到了一个真正属于他的光明大道、温暖港湾。

何燮侯的一生起伏波澜，尤其前半生如沧海浮萍，茫然无助，只是无论历经何种磨难，他那爱国爱民、正直善良、廉洁朴素、坚定无私的高尚品德却从未失去。

我从何燮侯的故居告别。回望花明泉村，在这个他曾出生、曾守护、曾挚爱的家乡，家家户户都住楼房开小车，何曾有半点战火硝烟的模样？前人栽树后人乘凉，我们有幸未出生在那个动荡的年代，但亦是不幸，因为像何燮侯这样的人离我们越来越远，我们能捕捉到的只有零星碎片。村民至今说到他，总会以“燮侯白头”称呼，他的白头是为国家为民族而白的，他的白头亦是花明泉村人的骄傲。

走出一段蜿蜒的水泥小路，大约步行 5 分钟。就看到高耸的马头墙层层迭落在天边，远远望去一座白墙黑瓦的大院坐落在杂乱的民房中，像一只惊醒的麻雀傲立在瓦头群落。这就是何燮侯的故居，当地村民也叫它新屋台门。

我远远望向这个普通的大院，在夕阳的笼罩下，仿佛披上一件金色的外衣，但在众多新楼房之间，它显得那样

何氏故居外景

孤独，那样格格不入，就像何燮侯的一生。

我想象着从这里走出过多少士子学者。他们背井离乡，挥别家人的时候，是否会不舍，会眼含热泪？就像那个下午，年轻气盛的何燮侯破窗而出，不辞而别，孤身前往日本寻求知识，寻求救国救民之路。他无疑选择了一条最艰辛坎坷的路，但也是最光明荡然的路，从那时就注定他的人生会与众不同。

何燮侯的故居建于 1832 年左右，距今已有 180 年的历史。这座楼房里，不仅走出了何蒙孙、何燮侯父子，还有何家的 15 名博士、13 名硕士、38 名本科生。他们都与这个百年台门有关。

2006 年，何燮侯的故居被列为市文物保护单位。

我离开何宅的时候，许永茂夫妇送我们至门口，许永茂的妻子一直拉着我的手，问我何时再来。我想我还会再来，不仅仅因为这是何燮侯的故居，更因为我在这里感受到了一种人情温暖，这是何燮侯传递下来，从父辈到子辈到孙辈，再到如今素不相识的许氏夫妻。这座老宅是活着的，是有温度的。它懂这世间的人情冷暖，懂爱恨情仇，也懂生离死别。

我知道何燮侯一直在那里，戴着眼镜的双眼微微眯起，手抚着花白的长须，穿着最爱的藏青长衫，一转身，就有朗朗不绝的读书声从老宅里传出来，经久不息，响彻云霄。

完稿于诸暨市枫桥镇

2017 年 3 月 1 日

图书在版编目(CIP)数据

何燮侯传 / 冯丽佳著. —杭州 ：浙江工商大学出版社，2018.6

ISBN 978-7-5178-2643-9

Ⅰ. ①何… Ⅱ. ①冯… Ⅲ. ①何燮侯（1878-1961）—传记 Ⅳ. ①K825.46

中国版本图书馆 CIP 数据核字(2018)第 051375 号

何燮侯传

冯丽佳 著

责任编辑 沈明珠 任晓燕

封面设计 未 氓

责任校对 穆静雯

出版发行 浙江工商大学出版社

（杭州市教工路 198 号 邮政编码 310012）

（E-mail:zjgsupress@163.com）

（网址:http://www.zjgsupress.com）

电话:0571-88904980,88831806(传真)

排　　版 杭州天昊文化艺术有限公司

印　　刷 浙江省良渚印刷厂

开　　本 889mm×1194mm 1/32

印　　张 3.5

字　　数 79 千

版 印 次 2018 年 6 月第 1 版 2018 年 6 月第 1 次印刷

书　　号 ISBN 978-7-5178-2643-9

定　　价 30.00 元

浙江工商大学出版社营销部邮购电话 0571-88904970